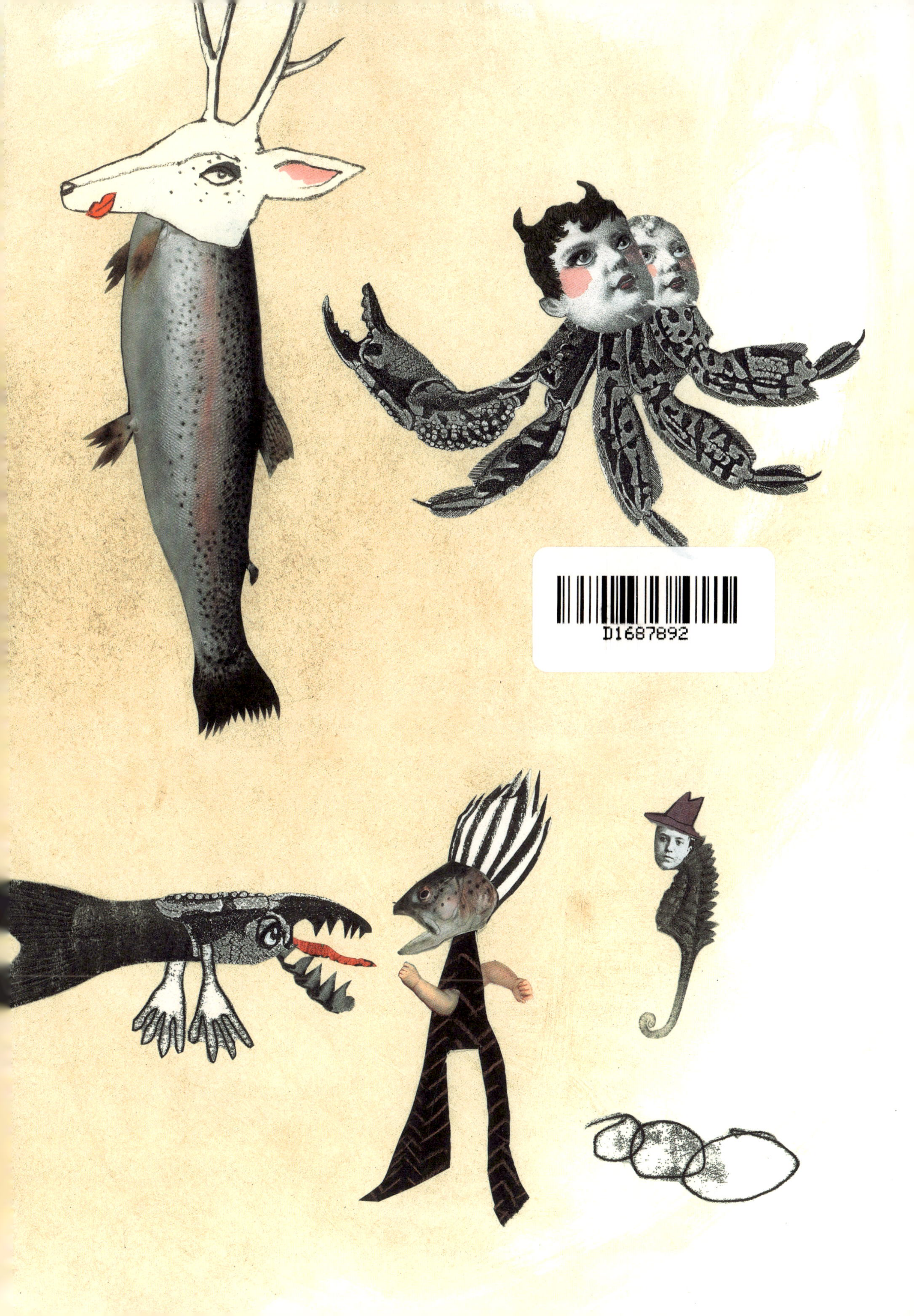

Von Meerjungfrauen Kapitänen & fliegenden Fischen

Nº 20605

Für Maret, mehr und meer!
RR

Für den Bo(o)ti und für Jeppe, der so groß ist wie die Arche Noah.
Und für alle anderen Verrückten = meine Familie.
In Liebe.
SH

Von Meerjungfrauen Kapitänen & fliegenden Fischen

Geschichten und Gedichte rund ums Wasser
Herausgegeben von Renate Raecke
Mit Bildern von Stefanie Harjes

Boje

Elisabeth Borchers (1926)
An ein Kind

Wenn wir lange genug warten,
dann wird es kommen.
Heute noch, fragt das Kind.
Heut oder morgen. Ein Schiff,
musst du wissen, braucht Zeit.
So weit und breit wie das Meer.
Dann bist du groß.
Dann steigen wir ein
und machen die Reise.
Zusammen. Wir beide.
Und jeder auf seine Weise.

Mai   Juni

ober   November   Dezember

③ (Anfang—) 3.-11. Coverskizze   ③ (Anfang—) RZ Cover

Inhalt

Elisabeth Borchers: An ein Kind 4
Vorwort: »Was zum Teufel ist Wasser?« 10

Wenn sich zwei Walrosse küssen, wie die sich in Acht nehmen müssen!

Heinz Erhardt: Der Kabeljau 14
Heinz Erhardt: Das Fischchen 14
Mathias Jeschke: Von der Forelle 15
Peter Hacks: Der Walfisch 16
Peter Rosei: Das Märchen vom Walfisch 17
Wolfgang Buschmann: Das Walross 18
Mira Lobe: Die Walrosse 19
Ursula Wölfel: Die Geschichte vom kleinen Seehund . . 20
In einen Harung jung und stramm 22
Brüder Grimm: Die Scholle 23
Josef Guggenmos: Gespräch der Fische 25

Schnell hinunter an den See, heute gehn wir baden!

Adolf Holst: Im See 28
Benno Pludra: Die Schwäne auf dem Wasser 30
Jean-Claude Carrière: Monsieur Hulot geht baden . . 32
Graham Salisbury: Tiefe Wasser 34
Zsuzsa Bánk: Der Schwimmer 40
Charles Simmons: Die Sandbank 44

Das Wasser rinnt, das Wasser spinnt, bis es die ganze Welt gewinnt

Franz Hohler: Es war einmal ein Bach 50
Christian Morgenstern: Der Walfafisch oder Das Überwasser 52
Kenneth Grahame: Der Fluss 54
Alan Alexander Milne: Ferkel ist völlig von Wasser umgeben 62
Fredrik Vahle: Regenlied 68
Sybil Gräfin Schönfeldt: Die Sintflut – Die Arche Noah 72

Eine kleine Sehnsucht und ein großes Verlangen

Johann Wolfgang von Goethe: Der Fischer 76
Heinrich Heine: Lorelei 77
Christian Friedrich Daniel Schubart: Die Forelle 78
Johann Ludwig Wilhelm Müller: Wohin? 79
Joseph Jacobs: Der Brunnen am Ende der Welt 80
Carson McCullers: Lied für einen Seemann 86
Wenn du ein Schiff bauen willst 87
Stefanie Harjes: Erwischt 89
Hermann Schulz: Sein erster Fisch 91
Hans Carossa: Der alte Brunnen 93
Winde wehn, Schiffe gehn 95
Stefanie Harjes: In ihren Koffer packte Betty 96
Joachim Ringelnatz: Seepferdchen 99
Matthias Wegener: Wenn alle Wasser fließen 100
Marie Luise Kaschnitz: Am Strande 101

Jetzt öffnet der See das grünspiegelnde Tor

Der Wassermann in der Mühle zu Steenholt 104
Otfried Preußler: Der kleine Wassermann 106
Die schwarze Greet 111
Das schöne Mädchen mit dem meergrünen Haar 112
Die drei Schwestern aus dem See 118
Eduard Mörike: Die Geister am Mummelsee 122
Peter Hacks: Der Fährmann von Mautern 124

Das Meer sprang aus der Badewanne

Josef Guggenmos: Das Fischlein 128
Mascha Kaléko: Die Fische 130
Heinrich Hannover: Der stumme Fisch 131
Gerd Bauer: Der Frosch 132
Wolfgang Buschmann: Fliegende Fische 132

Michael Ende: Standpunkte 133
Jürg Schubiger: Meerschnecken zum Beispiel 134
Kurt Schwitters: Kleines Gedicht für große Stotterer 135
Peter Hacks: Geschichte von der Nixe im Bade 136
Max Barthel: Muscheln 140
Dieter Mucke: Vermutung 141
Wolfgang Buschmann: Die Meerkuh 142
Gustav Falke: Närrischer Traum 143
Heinz Janisch: Das Meer sprang aus der Badewanne 144
Robert Gernhardt: Wie kann man übers Wasser laufen, ohne
sofort abzusaufen? So: 145

Leichte Brisen, schwere Stürme
und eine Prise Mut

James Krüss: Die Geschichte von Jan Janssen und der schönen Lady Violet . . . 148
Ludek Pesek: Der Wal 155
David Thomson: Angus Ruadh, Seehundtöter 158
John Steinbeck: Die Perle 162
Josef Holub: Das Eis bricht 166

Das Meer grinst grün und glasiggrau,
die Fische fliehn in tieferes Geflute

Wolfgang Borchert: Prolog zu einem Sturm 174
Franz Hohler: Der Mann auf der Insel 175
Mark Twain: Weiße Nebel auf dem Mississippi 176
Die Rungholter auf Nordstrand 181
Els Pelgrom: Was das Leben zu bieten hat 182
Margaret Craven: »Komm, Schwimmer!« 186
Scott O'Dell: Donnernde Wogen 190
Theodor Storm: Meeresstrand 194

Viten 198
Autoren- und Quellenverzeichnis 200
Impressum 208

Vorwort
»Was zum Teufel ist Wasser?«

Als der amerikanische Schriftsteller David Foster Wallace (1962–2008) im Jahr 2005 vor College-Studenten in Ohio/USA die Festrede zum Abschluss ihrer Studienzeit hielt, begann er seine Ansprache mit einer kleinen Parabel:

> *Schwimmen zwei junge Fische des Weges und treffen zufällig einen älteren Fisch, der in die Gegenrichtung unterwegs ist. Er nickt ihnen zu und sagt: »Morgen, Jungs! Wie ist das Wasser?« Die zwei jungen Fische schwimmen eine Weile weiter und schließlich wirft der eine dem anderen einen Blick zu und sagt: »Was zum Teufel ist Wasser?«**

Der Schriftsteller verband mit der Einleitung seiner Rede eine Aufforderung an die Studenten zum Denken: eine Aufforderung, die naheliegenden, offensichtlichen Dinge nicht ungefragt zu konsumieren, nicht ziellos zu schwimmen.
Als ich an der Auswahl der Texte für diese Anthologie saß, ging mir die Frage der jungen Fische immer wieder durch den Kopf: »Was zum Teufel ist Wasser?«, wohl wissend, dass ich die Frage nicht im Sinne von David Foster Wallace stellte.
Das Element Wasser sollte in allen Texten dieses Buches eine wesentliche Rolle spielen, soviel war klar. Aber welches Wasser? Das Wasser als Ursprung alles Lebendigen? Das Wasser des Lebens, nach dem im Märchen gesucht wird? Das Wasser der Fische und anderen Meerestiere – oder das Wasser als Lebensraum für Wassergeister, Quellnymphen, Sirenen? Das sanfte, plätschernde, glucksende Wasser – oder das zerstörende, schäumende, überflutende Wasser, das in Form eines Tsunamis Leben unter sich begräbt? Die stürmenden Wogen der Seefahrer? Das helle Bächlein, in dem sich Schuberts Forelle tummelt? Das Wasser, das zum Bade einlädt, zu ersten Schwimm-Versuchen?

Eine Anthologie soll im besten Fall eine »Verführung« zum Lesen, zum Weiterlesen sein, und in diesem Sinne wurden die Texte ausgewählt. Ich war unterwegs, um das Wasser aufzuspüren: in Gedichten, Balladen und Liedern, in Erzählungen und Romanen. Ich ließ mich treiben, denn man soll dem Wasser seinen Lauf lassen, sagt eine Redensart.

Manche Klassiker, die schon vielfach in Sammlungen abgedruckt wurden, haben wir bewusst nicht mit aufgenommen: das Kapitel des Deichbruchs aus Storms *Schimmelreiter* etwa, Goethes *Zauberlehrling* oder Schillers *Taucher* und manche mehr.

In der nun vorliegenden Auswahl finden sich Texte, die alle Stimmungen, Farben und Gerüche des Wassers wiedergeben. Wir können über Walrosse schmunzeln, die sich küssen (Mira Lobe), oder über fliegende Fische, die an fliegenden Tischen essen (Wolfgang Buschmann). Wir werden aber auch in die Tiefen versunkener Städte mitgenommen (*Die Rungholter auf Nordstrand*) oder den *Geistern am Mummelsee* begegnen (Eduard Mörike). Wir erfahren, wie lebensrettend der Fund einer einzigartigen Perle sein kann (John Steinbeck), oder wir werden von einer Walfang-Geschichte überwältigt (Ludek Pesek). Wir begleiten den kleinen Maulwurf bei der Entdeckung des Flusses mit seinem Freund Ratte (Kenneth Grahame) und hoffen mit Ferkel, dass Pu der Bär seine SOS-Flaschenpost trotz der Regenflut rechtzeitig erhält (A. A. Milne).

Robert Gernhardt gibt uns in seinem Gedicht *Wie kann man übers Wasser laufen, ohne sofort abzusaufen? So:* (S. 145) eine komplizierte Zaubermixtur mit auf den Weg, mit Hilfe derer uns das »Wasser wie ein Brett« tragen soll. Aber, so endet sein Gedicht:

> *So weit, so gut. Ach ja, ich hätt'*
> *fast ganz vergessen zu betonen,*
> *dass all die Mühen sich kaum lohnen,*
> *wenn man zum Beispiel schwimmen kann.*
> *Du kannst nicht schwimmen? Dann mal ran!*

In diesem Sinne: Man muss ins Wasser hinein!
In die Tiefen und Stimmungen des Wassers einzutauchen, dazu laden auch die Illustrationen von Stefanie Harjes ein. Sie setzt den Worten der Texte assoziative Bilder an die Seite, mal verhalten und lieblich, mal wild und stürmisch – immer aber eigenwillig interpretierend und begleitend. Und absolut verführerisch!

Renate Raecke

---

* aus: David Foster Wallace: *Das hier ist Wasser*, Köln, Kiepenheuer & Witsch 2012

Wenn sich zwei Walrosse küssen, wie die sich in Acht nehmen

müssen!

Heinz Erhardt (1909–1979)
Der Kabeljau

Das Meer ist weit, das Meer ist blau,
im Wasser schwimmt ein Kabeljau.
Da kömmt ein Hai von ungefähr,
ich glaub von links, ich weiß nicht mehr,
verschluckt den Fisch mit Haut und Haar,
das ist zwar traurig, aber wahr. –
Das Meer ist weit, das Meer ist blau,
im Wasser schwimmt kein Kabeljau.

Heinz Erhardt (1909–1979)
Das Fischchen

Ein Fischchen einst im Wasser saß
und von dem Wasser wurd es nass,
    das Fischchen.
Das Fischchen wollt gern trocken sein,
doch hatte es kein Handtuch, nein,
    das Fischchen.
Da sprang das Fischchen, hops, an Land
und drehte sich paar Mal im Sand,
und als dann kam das Morgenrot,
wars Fischchen trocken – aber tot.
    Das Fischchen.

Mathias Jeschke (1963)
Von der Forelle

Gestern Nacht trank die Forelle
so mal eben auf die Schnelle
sieben Liter Weizenbier,
dann drei Schnäpse oder vier
und auch noch zwei Flaschen Wein.
Ja, ja, doch, das musste sein.
Da merkte selbst der Kabeljau:
Na, jetzt ist die Forelle blau!

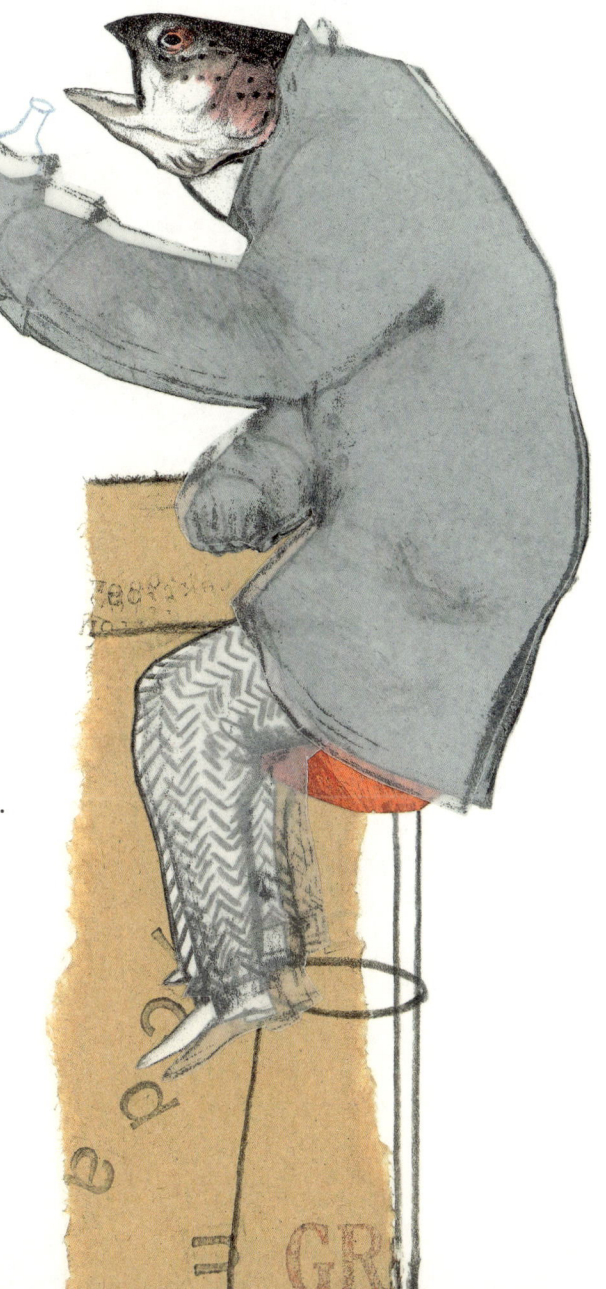

Peter Hacks (1928–2003)
Der Walfisch

Der Walfisch ist kein Schoßtier,
Er ist ein viel zu groß Tier.
Er mißt zweihundert Ellen
Und macht gewaltige Wellen.
Er redet nicht, er bellt mehr.
Er stirbt von keinem Schuß.
Er rudert durch das Weltmeer
Als Flossenomnibus.

Wal in Rosa?

Ein Zaun sind seine Zähne,
Die Nase ne Fontäne,
Der Schwanz sogar ein Plättbrett,
Aus seinem Leib man Fett brät.
Das Wasser kräuselt bläulich
Sich um den schwarzen Kloß.
Der Walfisch ist abscheulich
Groß.

Peter Rosei (1946)
Das Märchen vom Walfisch

Der Walfisch schwimmt durch das Meer. Ihn selbst sieht man nicht, nur den Strahl seines Atems, er bläst, sagt man. Oder er taucht und schwimmt tief zu den Wasserhöhlen der Tiefe. Seine Augen sind offen. So zieht er durch die Paläste der Tiefe, von denen wir nichts wissen und keine Kunde haben.
Der Walfisch, der hier in Rede steht, war müde. Lange war er durchs Barentsmeer gezogen, ohne auf jemand zu treffen. Manchmal tauchte er, rief. Niemand hörte ihn. Er sang eine Weile das Lied, das die einzelgängerischen Wale singen, aber keiner antwortete.
Gegen Abend legte er sich unweit einer Insel zur Ruhe. Es war ein von Wind und Regen glatt poliertes Felseneiland, ein lang gezogener abgerundeter Klapf. Und es glich jetzt, im grauen Regen der Dämmerung, dem Rücken des schlafenden Wals. Bloß ein wenig Gischt umtanzte die beiden, brodelte leise, schwappte.
Die Seeleute, die hier in Rede stehen, waren müde. Jahrelang waren sie übers Barentsmeer gefahren, auf der Suche nach dem Wal. Sie wussten nämlich vom Wal, dass er hier war und sich umtrieb. Während aber der Wal tauchte und durch die Wasserhöhlen der Tiefe ging, saßen sie in ihrem Schiff und schauten über die See. Sie hielten Ausschau nach ihm, während er sank und zur Tiefe glitt, rief und sang. Sie waren müde und freuten sich, abends die Inseln zu sehen, die Eilande. Da wollen wir landen, dachten sie, landen und ein Lager aufschlagen. Und da sie vorsichtige Leute waren, teilten sie sich, und diese gingen da an Land, jene dort. Sie stellten die Zelte aus Robbenhaut auf und machten ein Feuer aus getrocknetem Tang. Da wollten sie Fische braten. Und sie sprangen lustig ums Feuer herum, grüßten hinüber, die andren zurück.
Während aber die einen des Morgens aus den Zelten krochen, ein wenig verdrossen waren sie von der Schlaftrunkenheit, fuhren die andren am Wal durch die Wasserhöhlen der Tiefen, durch alle Wunder dieser Paläste. Ihre Augen waren offen, sie sahen alles. Was sie freilich sahen, wissen wir nicht; niemand sah die Seeleute wieder. Der Wal aber redet nicht.

Wolfgang Buschmann (1943)
Das Walross

Das Walross Johannes
macht Handstand und kann es.
Zwar ist es dick,
doch hat's Geschick.

Mira Lobe (1913–1995)
Die Walrosse

Wenn sich zwei Walrosse küssen,
wie die sich in Acht nehmen müssen!
Mit so einem Zahn
ist schnell was getan!
Drum haben sie neulich beschlossen:
Wir schütteln uns lieber die Flossen
und beschnuppern uns zart
mit dem Walross-Bart.

Ursula Wölfel (1922)
Die Geschichte vom kleinen Seehund

Einmal wollte eine Seehundsmutter ihren kleinen Seehund nicht ins Wasser lassen. Sie hatte Angst. Das Meer war doch so groß, und der Seehund war so klein! Aber alle anderen kleinen Seehunde konnten schon schwimmen. Sie haben sich von den Wellen schaukeln lassen und im Wasser gespielt.
Nur der eine kleine Seehund musste immer ganz allein im Sand liegen und sich füttern lassen. Er hat sich gelangweilt, und von all dem Fressen und Faulsein ist er so dick wie ein Fußball geworden.
Da ist ein Wind gekommen, und hohe Wellen sind auf den Strand geschlagen. Die Seehundsmutter wollte ihren kleinen Seehund schnell auf den Sandberg bringen. Aber er war schon viel zu dick, er konnte kaum noch watscheln. Die Mutter musste ihn mit der Schnauze vor sich her schieben. Und als sie beide endlich oben waren, ist der kleine Seehund wieder hinuntergekugelt, weil er so rund war. Er ist vom Sandberg gerollt und ins Wasser gefallen. Zuerst war er sehr erschrocken. Er hat geprustet und geplatscht und geschnauft und gestrampelt. Und dann ist er losgeschwommen! Die Wellen haben ihn auf und ab geschaukelt, und der kleine Seehund hat vor Vergnügen gequietscht.
Die Seehundsmutter wollte ihn sofort wieder zurückholen. Aber sie konnte ihn nicht mehr finden. Im Gesicht hat er doch genauso ausgesehen wie alle anderen kleinen Seehunde, und seinen dicken Bauch konnte man im Wasser nicht erkennen.

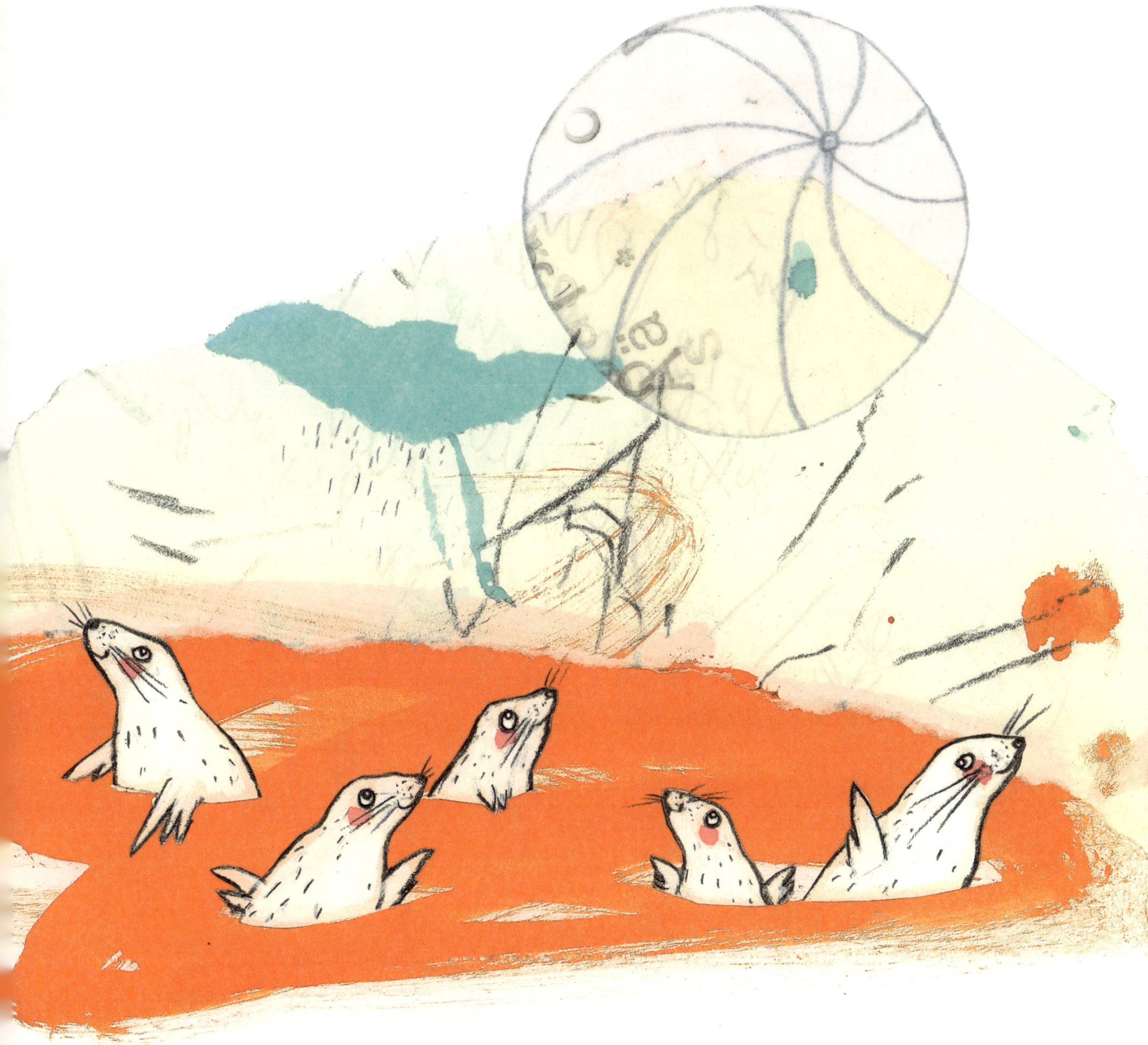

Volkslied
In einen Harung jung und stramm

In einen Harung jung und stramm,
der auf dem Meeresgrunde schwamm,
verliebte sich, o Wunder,
'ne olle Flunder, 'ne olle Flunder,
verliebte sich, o Wunder,
'ne olle Flunder.

Der Harung sprach: »Du bist verrückt,
du bist mir viel zu plattgedrückt.
Rutsch mir den Buckel runter,
du olle Flunder, du olle Flunder,
rutsch mir den Buckel runter,
du olle Flunder!«

Da stieß die Flunder auf den Grund,
wo sie ein großes Goldstück fund,
ein Goldstück von 10 Rubel,
o, welch ein Jubel, o, welch ein Jubel!
Ein Goldstück von 10 Rubel,
o, welch ein Jubel.

Nun war die olle Schrulle reich,
da nahm der Harung sie sogleich,
denn so ein alter Harung,
der hat Erfahrung, der hat Erfahrung;
denn so ein alter Harung,
der hat Erfahrung.

Und die Moral von der Geschicht',
verlieb dich in den Harung nicht.
Denn so ein alter Harung,
der hat Erfahrung, der hat Erfahrung;
denn so ein alter Harung,
der hat Erfahrung.

Jacob Grimm (1785–1863)
Wilhelm Grimm (1786–1859)
Die Scholle

Die Fische waren schon lange unzufrieden, dass keine Ordnung in ihrem Reich herrschte. Keiner kehrte sich um den andern, schwamm rechts und links, wie es ihm einfiel, fuhr zwischen denen durch, die zusammenbleiben wollten, oder sperrte ihnen den Weg, und der Stärkere gab dem Schwächeren einen Schlag mit dem Schwanz, dass er weit wegfuhr, oder er verschlang ihn ohne Weiteres.

»Wie schön wäre es, wenn wir einen König hätten, der Recht und Gerechtigkeit bei uns übte«, sagten sie und einigten sich, den zu ihrem Herrn zu wählen, der am schnellsten die Fluten durchstreichen und dem Schwachen Hilfe bringen könnte. Sie stellten sich also am Ufer in Reihe und Glied auf, und der Hecht gab mit dem Schwanz ein Zeichen, worauf sie alle zusammen aufbrachen. Wie ein Pfeil schoss der Hecht dahin und mit ihm der Hering, der Gründling, der Barsch, die Karpfen und wie sie alle heißen. Auch die Scholle schwamm mit und hoffte das Ziel zu erreichen.

Auf einmal ertönte der Ruf: »Der Hering ist vör! Der Hering ist vör!«

»Wen is vör?«, schrie verdrießlich die platte, missgünstige Scholle, die weit zurückgeblieben war. »Wen is vör?«

»Der Hering, der Hering!«, war die Antwort.

»De nackte Hiering?«, rief die Neidische. »De nackte Hiering?«

Seit der Zeit steht der Scholle zur Strafe das Maul schief.

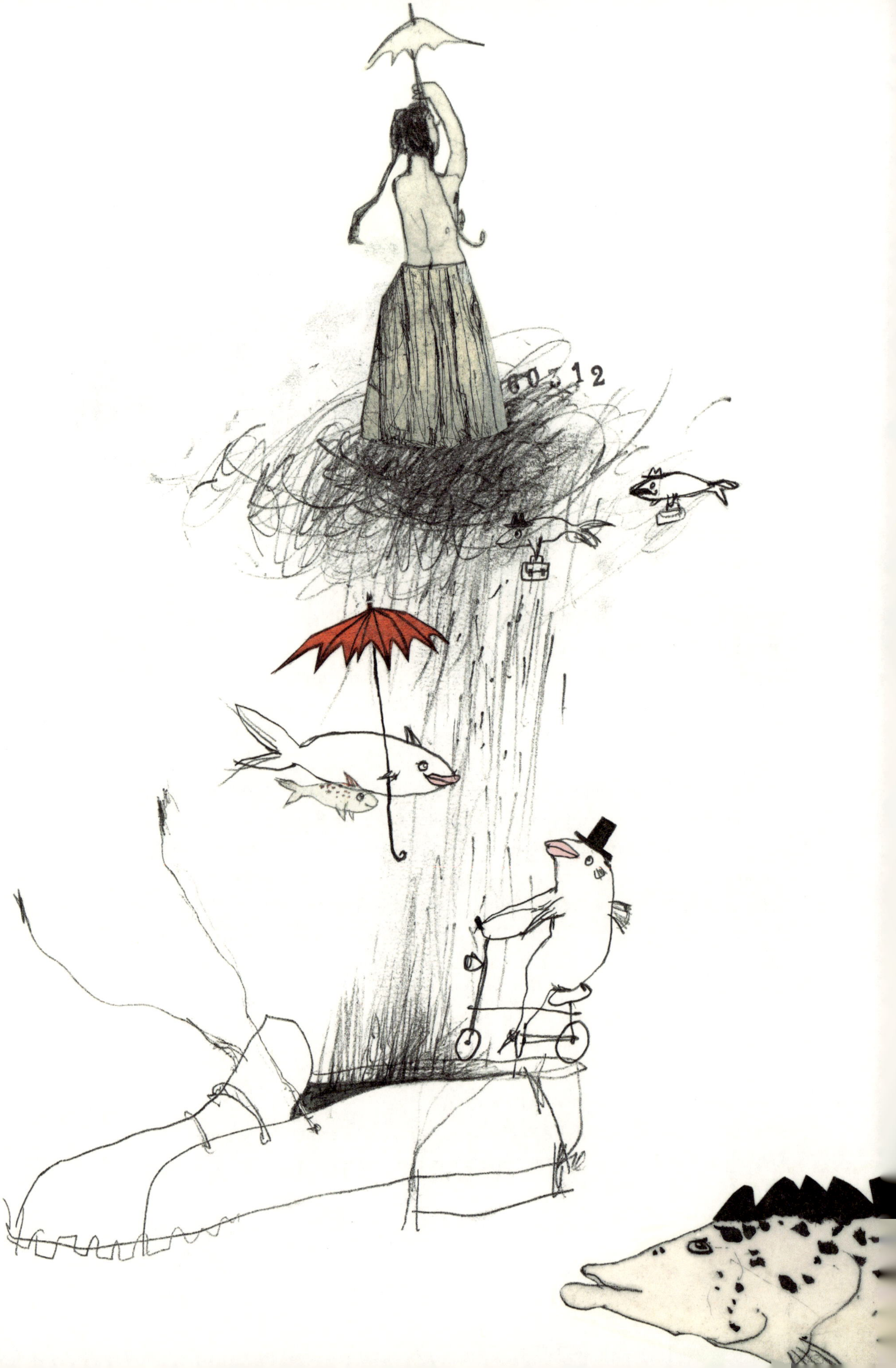
60312

Josef Guggenmos (1922–2003)
Gespräch der Fische

Tausend Tropfen tupften auf den See von Tippeltappeltoppel, auf den See von Tippeltappeltoppel tupften tausend Tropfen. Das muss man hundertmal geschwind hintereinander sagen. Denn so viel und so schnell regnete es auf den See von du-weißt-schon-wo.
»So ist's recht!«, sprach der Hecht.
Und alle anderen Fische im See waren genau der gleichen Meinung. »Regnen soll es, regnen!«
»Den ganzen Tag und die ganze Nacht!«
»Bis der See überläuft!«
»Bis das Wasser in die Straßen von Tippeltappeltoppel rinnt!«
»Bis es in alle Häuser steigt!«
»Und in alle Geschäfte!«
»Und in die Schule!«
»Dann werden wir durch die Straßen schwimmen«, sagte der Barsch. »Und durchs Fenster ins Klassenzimmer!«
»Denn die Schule«, sagte der Karpfen, »ist der lustigste Ort von der Welt. Sonst liefen die Kinder nicht alle Tage hinein!«
Und alle Fische freuten sich schon aufs Hochwasser. Und auf den Besuch in der Schule.
Doch was sagte da die Forelle? »Es wird wieder helle!«
»Das ist mir gar nicht recht!«, sprach der Hecht.

Schnell heute gehn

hinunter an den See, wir baden!

Adolf Holst (1867–1945)
Im See

Heute ist das Wasser warm,
heute kann's nicht schaden,
schnell hinunter an den See,
heute gehn wir baden!

Eins, zwei, drei – die Hosen aus,
Stiefel, Wams und Wäsche!
Und dann – plumps – ins Wasser rein,
grade wie die Frösche!

Und der schönste Sonnenschein
brennt uns nach dem Bade
Brust und Buckel knusperbraun,
braun wie Schokolade!

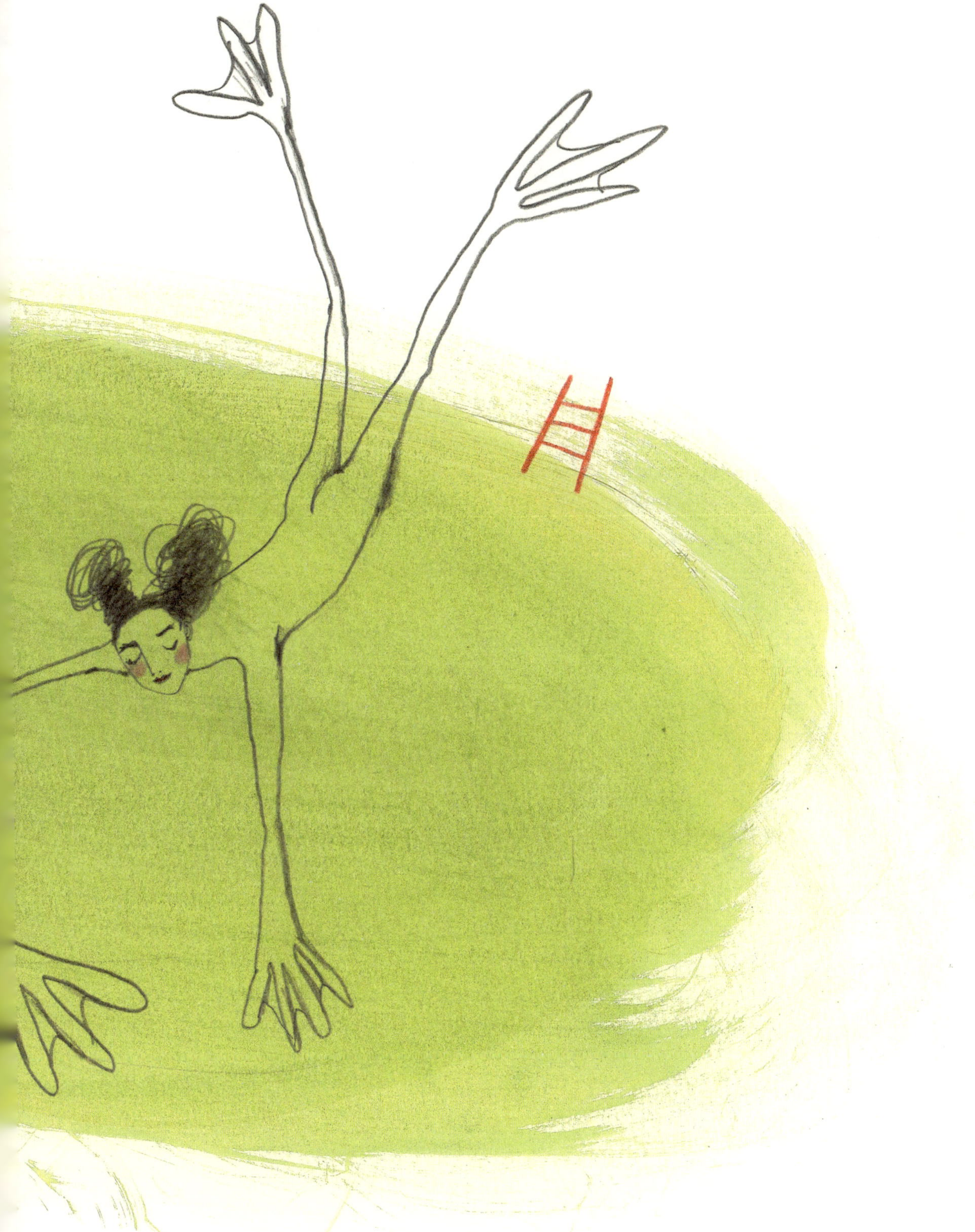

Benno Pludra (1925)
Die Schwäne auf dem Wasser

Der kleine Junge hatte in diesem Sommer schwimmen gelernt. Er war noch sehr klein, und alle Leute bewunderten ihn. »Seht mal«, sagten die Leute, »der kleine Junge kann schwimmen.«
Zum ersten Mal schwamm er heute ganz allein. Kein Vater war dabei, niemand am Ufer sah ihn. Der See war groß und glatt. Seerosenfelder blühten gelb und weiß. Zwischen den Seerosenfeldern, auf einer blanken Wassergasse, schwamm der kleine Junge vom Ufer weg und hin zu einem Pfahl. Dort hielt er sich fest, das Kinn knapp über dem Wasser, und verschnaufte. Die Wiese am Ufer erschien ihm fern, die Büsche und Bäume ruhten wie reglos im Schlaf. Der kleine Junge war glücklich und stolz. Ich habe keine Angst mehr, sagte er zu sich selber, ich könnte sonst wohin und sonst wieweit noch schwimmen.
Nun sah er die Schwäne. Es waren drei, und sie zogen gemächlich heran, zwischen den Seerosenfeldern die blanke Wassergasse herauf, leicht und ruhig wie weiße segelnde Schiffe.
Der kleine Junge blieb am Pfahl. Zwei Lehren hatte ihm sein Vater gegeben: »Den Seerosen weiche aus, den Schwänen komm nicht zu nahe. Hüte dich, pass auf!«
Die Schwäne begannen zu fressen. Sie beugten die hohen Hälse nieder und schnatterten mit den harten Schnäbeln flach durchs Wasser. Die schweren Schwingen waren aufgestellt und sahen aus, als wären sie federleicht.
Der kleine Junge klebte am Pfahl. Das Holz war glatt, von Algen bewachsen, und die Schwäne ließen sich Zeit. Sie gaben den Weg nicht frei, die blanke Wassergasse blieb versperrt.
Der Junge fror. Er war klein und ein bisschen mager, darum fror er bald und wünschte, dass die Schwäne jetzt verschwinden möchten. Er überlegte auch, ob er die Seerosenfelder nicht umschwimmen sollte; doch er war nun schon lange im Wasser und fühlte sich nicht mehr so stark, seine Muskeln waren kalt. Der kleine Junge wagte nicht, die Seerosenfelder zu umschwimmen.

Die Schwäne indessen glitten langsam näher. Sie fraßen nach links und rechts und glitten auf den kleinen Jungen zu. Er hörte ihre Schnäbel schnattern, und er wusste, dass diese Schnäbel zuschlagen konnten, heftig wie die Faust eines Mannes.
Noch beachteten sie den kleinen Jungen nicht. Er verhielt sich still. Er fror immer mehr, und die Schwäne lagen drei Schritte entfernt auf dem Wasser. Sie fraßen nicht mehr und rührten sich nicht. Ihre großen Körper schaukelten sanft.
Der kleine Junge musste schwimmen. Es gab keine Wahl, er musste schwimmen – oder er würde versinken, hier am Pfahl, von keinem bemerkt.
Warum rief er nicht nach Hilfe?
Es gab keine Hilfe. Kein Vater. Niemand am Ufer sah ihn. Der kleine Junge musste schwimmen.
Er sammelte all seinen Mut und zog die Füße an den Leib und stieß sich ab vom Pfahl. Das Wasser rauschte auf, eine Welle schoss voran, den Schwänen unter den weißen Bug. Sie äugten scheel, die Schnäbel aufrecht und abgewandt, und wichen lautlos zur Seite.
Der kleine Junge aber schwamm; sein Kopf war steil erhoben und hinten am Wirbel spießten die kurzen blonden Haare hoch.

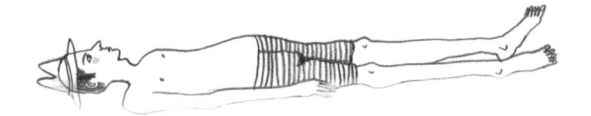

Jean-Claude Carrière (1931)
Monsieur Hulot geht baden

Um vier Uhr nachmittags beschloss Monsieur Hulot zu baden.
Sie wissen, was es heißt, im Meer zu baden? Es ist ein höchst merkwürdiges Unterfangen. Die alten Damen lassen sich's nicht nehmen, nahe am Ufer ihre weißen Füße zu benetzen. Die Schwimmer werfen sich trotz der grausamen Kälte in die Wellen wie jene wild gewordenen Kosaken, die angeblich das Eis der Newa aufbrachen, um sich in einem kurzen Bad abzukühlen. Das Wasser birgt tausend Überraschungen. Sobald man drin ist, ruft man, es sei herrlich. »Oh, wunderbar! Fabelhaft!« Trotz der Gänsehaut, trotz des Schlucks bitteren Meerwassers; obwohl Augen, Nase und Schlund brennen; trotz der Muscheln, die in die Füße stechen; trotz der schwarzen Quallen, der im Sand versteckten giftigen Vipern ... Brrr!
Das Meer wimmelt von Menschen, die sich anspritzen, toter Mann spielen, planschen oder Wasser treten. Edler Wettstreit, wer sich am weitesten hinauswagt, mindestens dreißig Meter. Spaßvögel tauchen und zwicken ihre Bekannten in die erschrockenen Waden. Wer eine Unterwasserbrille oder gar einen Schnorchel besitzt, vergnügt sich am Meeresgrund. Auf den Wellenkämmen tanzen Landtiere aus Gummi, hauptsächlich Pferde und Seehunde. Ein Tretboot schleicht vorbei. Ein jaulender Hund wird gebadet.
Sobald man heraussteigt, bläst ein eiskalter Wind, der das Mark in den Knochen gefrieren lässt. Man hüpft auf der Stelle, mit klappernden Zähnen. Schnell einen Bademantel, Handtücher, Sandalen, Socken, etwas Heißes zu trinken. Man wird es so schnell nicht wieder versuchen. Glauben Sie?
Warten Sie bis morgen. Ein Angeber stürzt sich in die Flut, und mit Todesverachtung folgt ihm der ganze Haufe nach. Ein Leithammel und seine Herde. Auch Hulot gehört zu diesen Schäfchen.
Strammen Schrittes betritt er den Strand und lässt sich nieder. Trotz des Windes besteht er darauf, das Handtuch auszubreiten. Fünf Minuten Sonnenbad. Sand klebt in seinen Wimpern und Nasenlöchern.
Monsieur Hulot erhebt sich und steigt furchtlos ins Wasser. Neben ihm badet Monsieur Fred, die Schultern hochgezogen, die Hände über dem Bauch verschränkt. Das kalte Nass reicht ihm gerade bis zum Knie. Monsieur Hulot erkennt ihn und reicht ihm, ohne nachzudenken, die Hand. Aber Monsieur Fred dreht ihm den Rücken zu.

Hulot, der die Hand ausgestreckt hält, weiß nicht, was er mit seinen fünf Fingern anfangen soll. Nicht weit von ihm stützt ein Klasseschwimmer mit festem Griff das Kinn einer mittelalterlichen Dame, die schwimmen lernt. Auf gut Glück schiebt Hulot die Hand hin. Überrascht lässt der Schwimmlehrer das Kinn der Dame los, um Monsieur Hulot die Hand zu schütteln. Die Dame sackt ab und verschwindet.

Monsieur Hulot entfernt sich.

Eingeschnürt in einen knappen Badeanzug begrüßt Madame Dubreuilh ringsum ihre Bekannten. Als Hulot sich ihr nähert, lächelt sie ihm zu und reicht ihm die Rechte zum Handkuss. Von Höflichkeit überwältigt stürzt sich Hulot auf diese Hand, will sie ergreifen. In diesem Moment wälzt sich eine riesige Woge heran. Madame Dubreuilh, die aufs Meer hinaussieht, packt die Angst und sie springt, um dem Wasserberg zu entgehen, zurück. Hulot tappt ins Leere, die Welle packt ihn, er versinkt.

Als wieder Ruhe eingekehrt ist, sucht ihn Madame Dubreuilh vergebens.

Ein wenig weiter unten entsteigt halb erstickt Monsieur Hulot dem Wasser. Die Haare fallen ihm ins Gesicht. Er sieht nichts. Längst schon auf dem Trockenen angelangt, hebt er immer noch die Knie, um durch die Wellen zu waten.

Im Vorbeigehen drehen sich die Leute nach ihm um. Man klappt die Sonnenschirme zu und legt die Liegestühle zusammen, sammelt Badehosen, Handtücher, Badetaschen ein, Eimerchen, Schäufelchen, Rechen. Alles fertig? Auf, marsch. Im Handumdrehen ist der Strand leer.

Man schließt. Bis morgen.

Graham Salisbury (1944)
Tiefe Wasser

Graham Salisbury schildert in seinem Roman »Die blaue Haut des Meeres« in elf eindrücklichen Episoden Kindheit und Jugend von Sonny Mendoza – er ist der Ich-Erzähler des Buches – und seinem Cousin Keo in einem Fischerdorf auf Hawaii. Das Meer bestimmt den Alltag seiner Familie ebenso wie der starke Familienzusammenhalt. Im Sommer 1953 beschließt Sonnys Vater, sein Dad, seinem sechsjährigen Sohn endlich das Schwimmen beizubringen.

Eine halbe Stunde später kam Dad mit seinem kleinen Boot in die Bucht gebrummt. Er stellte den Außenbordmotor ab, kippte ihn nach oben, damit der Propeller nicht über den Sand kratzte, und ließ das Boot zum Strand gleiten. Keo kämpfte sich durchs seichte Wasser und hielt sich am Bug fest. »Fahr doch ein bisschen mit uns raus, Onkel Raymond.«

»Heute nicht, Keo. Sonny und ich haben etwas vor.« Dad lächelte mich an. »Wir gehen schwimmen.«

»Aber Onkel Raymond«, protestierte Keo. »Sonny kann doch nicht schwimmen. Er hat Angst.« Ich schaute zu Dad hoch. Als unsere Blicke sich trafen, sah ich weg.

»Es hat einmal eine Zeit gegeben, Keo, in der du auch Angst gehabt hast«, sagte Dad. Seine Worte klangen scharf wie Angelhaken. »Geh und spiel eine Weile allein – in einer guten Stunde sind wir wieder da.«

Dad warf mir eine kleine orangefarbene Schwimmweste zu, die ich immer im Boot trug, und sagte: »Zieh das an.«

Ich kletterte ins Boot und setzte mich auf den Mittelsitz. Dads Flossen und seine Tauchermaske lagen unter dem hinteren Sitz neben der Kiste mit dem Glasboden, die Dad für mich gebaut hatte, mein Fenster zum Meeresgrund.

Mein Vater war Fischer, genau wie sein Vater es gewesen war. Und vor ihm Urgroßvater Mendoza, der aus Portugal auf die Insel gekommen war, um im Norden von Big Island Viehzucht zu betreiben, dann aber den Rest seiner Tage als Fischer verbrachte.

Mein Gesicht durchschnitt den Fahrtwind, als ich mich zum Bug bewegte. Dunkle Flecken von riesigen Korallenstöcken türmten sich drohend unten im Sand auf. Dad würde mich zu einem geheimen Strand bringen, dachte ich, irgendwo an der Küste, an einen Ort, wo es nur uns beide gab. Ich hoffte, das Wasser wäre dort flach, ein Strand ohne Wellen.

Das Heulen des Außenbordmotors hallte im leeren Hafen wider. Dad musste fast schreien, damit ich ihn hörte. »Als ich ein kleiner Junge war«, sagte er, »ließ dein Großvater mich und deine beiden Onkel vom Ende des Piers springen, und dann mussten wir allein zurückschwimmen. Dein Onkel Raz war sogar noch jünger als du. Harley konnte schon ganz gut schwimmen, aber Raz und ich konnten nicht einmal wie ein Hund paddeln. Wir hatten schreckliche Angst, aber schwimmen haben wir dabei gelernt. Wenn nicht, hätte er uns ertrinken lassen. Dein Großvater war ziemlich streng.«

»Man muss genauso gut schwimmen lernen, wie man laufen kann«, fuhr Dad fort. Er wies mit seinem Kinn hinaus aufs Meer. »Sieht friedlich aus, hm?« Ich drehte mich um und blinzelte in die Sonne, der Horizont war tief und weit weg. »Jetzt ist es friedlich, aber es gibt Zeiten, da versucht es, einen umzubringen.«

Als wir den am weitesten entfernten Liegeplatz erreichten, verlangsamte Dad sein Boot und deutete auf die Boje. Ich griff nach dem weißen, wasserballgroßen Schwimmkörper, und Dad stellte den Motor ab.

»Bis hierher und nicht weiter, Sohn ... Es ist Zeit.«

Ich starrte ihn an, und er betrachtete mich mit seinen erdbraunen Augen. »Bist du so weit?«

Ich zuckte mit den Schultern, und Dad lachte. Während ich dastand und ihn ansah, spürte ich durch den dünnen hölzernen Rumpf die Bewegung des Ozeans unter den bloßen Füßen.

Dad streifte mir die Schwimmweste ab und zog mich neben sich. Ohne die Weste auf dem Boot überlief mich ein kalter Schauer. Ich suchte nach einem Halt, aber Dads Arm war geschmeidig und glatt und bot keine Sicherheit.

»Du kannst es«, flüsterte er. Dann ließ er mich trotz meines immer fester werdenden Griffs langsam ins Wasser hinunter.

Eine Welle der Angst durchflutete meinen Körper, meine Arme und Beine zitterten. Ich versuchte mich an Dad festzukrallen und hinterließ auf seinem Arm rote Streifen. Ein kleiner Schwarm grauer Fische, der sich um die Boje herum versammelt hatte, drehte sich in einer einzigen Wellenbewegung und huschte davon. Ich griff ins Leere, wollte Dad packen, suchte an der Bootsseite Halt, gab aber schnell auf und ergriff die Boje.

Ich atmete in kurzen und flachen Zügen, mir wurde schwindelig, ich trat wild um mich und versuchte auf die Boje hinaufzuklettern. Der Ozean unter mir schien tausend Faden tief. Ich spürte, wie er an mir saugte, nach mir ausholte und mich in die Tiefe zog, immer tiefer.

Monat Mai			Monat Juni			Monat Juli			Monat August	
Dat.	Hochwasser	Niedrigwasser	Dat.	Hochwasser	Niedrigwasser	Dat.	Hochwasser	Niedrigwasser	Dat.	Hochwasser
01. Do 08.00	20.19	02.02 14.20	01. So	22.20	04.03 16.20	01. Di 11.09	22.32	04.14 16.32	01. Fr 01.15	23.57
02. Fr 09.10	21.32	03.07 15.31	02. Mo	23.29	05.12 17.32	02. Mi 11.10	23.38	05.12 17.39	02. Sa —.—	12.27
03. Sa 10.32	22.55	04.28 16.56	03. Di	12.11	05.20 18.37	03. Do —.—	12.11	06.15 18.45	03. So 01.06	13.28
04. So 11.53	—.—	05.54 18.19	04.	13.00	06.30	04. Fr 00.40	13.07	07.13 19.43	04. Mo 02.01	14.18
05. Mo 00.13	13.00	07.08 19.23	05.			05. Sa 01.34	13.55	08.02 20.32	05. Di 02.48	15.01
06. Di 01.12	13.47	07.58 20.09	06. Fr 02.04			06. So 02.22	14.38	08.46 21.15	06. Mi 03.29	15.41
07. Mi 01.56	14.24	08.35 20.49	07. Sa 02.47			07. Mo 03.04	15.17	09.27 21.54	07. Do 04.07	16.18
08. Do 02.36	15.01	09.11 21.28	08.		22.20	08. Di 03.42	15.55	10.05 22.33	08. Fr 04.42	16.51
09. Fr 03.15	15.34	09.47 22.03	09. 03.57		10.21 22.43	09. Mi 04.20	16.31	10.42 23.10	09. Sa 05.14	17.22
10. Sa 03.49	16.03	10.18 22.32	10. Di 04.31		10.53 23.18	10. Do 04.57	17.07	11.17 23.46	10. So 05.47	17.57
11. So 04.18	16.30	10.44 23.00	11. Mi 05.05	17.19	11.26 23.55	11. Fr 05.32	17.40	11.50 —.—	11. Mo 06.24	18.37
12. Mo 04.48	17.00	11.10 23.30	12. Do 05.43	17.53	—.— 12.00	12. Sa 06.08	18.17	00.22 12.28	12. Di 07.05	19.18
13. Di 05.20	17.31	11.39 —.—	13. Fr 06.22	18.32	00.33 12.39	13. So 06.49	19.00	01.02 13.11	13. Mi 07.44	20.00
14. Mi 05.54	18.05	00.04 12.10	14. Sa 07.07	19.16	01.15 13.23	14. Mo 07.34	19.43	01.44 13.54	14. Do 08.29	20.55
15. Do 06.32	18.43	00.40 12.46	15. So 07.55	20.05	02.01 14.12	15. Di 08.17	20.29	02.24 14.36	15. Fr 09.32	22.12
16. Fr 07.17	19.29	01.20 13.30	16. Mo 08.49	21.03	02.52 15.08	16. Mi 09.06	21.26	03.08 15.29	16. Sa 10.54	23.42
17. Sa 08.12	20.29	02.11 14.28	17. Di 09.51	22.10	03.51 16.14	17. Do 10.08	22.37	04.06 16.38	17. So —.—	12.18
18. So 09.21	21.43	03.19 15.43	18. Mi 10.57	23.18		18. Fr 11.18	23.54	05.17 17.56	18. Mo 01.06	13.31
19. Mo 10.39	23.00	04.37 17.04	19. Do —.—	12.09	06.37	19. Sa		12.30 06.33 19.12	19. Di 02.16	14.32
20. Di 11.50	—.—	05.51 18.16	20. Fr 00.24			20. So 01.09	13.37	07.45 20.22	20. Mi 03.10	15.23
21. Mi 00.08	12.50	06.54 19.16	21. Sa 01.27		08.30 20.34	21. Mo 02.16	14.38	08.49 21.24	21. Do 03.56	16.07
22. Do 01.06	13.41	07.47 20.09	22. So 02.24		09.58 21.28	22. Di 03.14	15.30	09.44 22.19	22. Fr 04.37	16.49
23. Fr 01.57	14.26	08.36 20.57	23. Mo 03.03	15.50	09.50 22.22	23. Mi 04.06	16.20	10.35 23.11	23. Sa 05.16	17.28
24. Sa 02.43	15.07	09.21 21.42	24. Di 04.10	16.28	10.42 23.17	24. Do 04.55	17.08	11.23 23.59	24. So 05.51	18.03
25. So 03.28	15.49	10.04 22.30	25. Mi 05.05	17.20	11.33 —.—	25. Fr 05.42	17.52	—.— 12.06	25. Mo 06.24	18.37
26. Mo 04.18	16.37	10.51 23.22	26. Do 05.58	18.08	00.00 12.21	26. Sa 06.23	18.32	00.42 12.45	26. Di 06.55	19.11
27. Di 05.11	17.28	11.40 —.—	27. Fr 06.46	18.55	00.50 13.06	27. So 07.02	19.12	01.20 13.22	27. Mi 07.27	19.48
28. Mi 06.05	18.18	00.15 12.29	28. Sa 07.34	19.45	01.41 13.51	28. Mo 07.40	19.54	01.57 13.59	28. Do 08.05	20.36
29. Do 06.58	19.10	01.06 13.18	29. So 08.23	20.36	02.34 14.39	29. Di 08.19	20.38	02.31 14.38	29. Fr 09.01	21.46
30. Fr 07.54	20.08	01.59 14.11	30. Mo 09.14	21.31	03.22 15.31	30. Mi 09.14	21.31	03.09 15.28	30. Sa 10.19	23.13
31. Sa 08.55	21.11	02.58 15.11				31. Do 10.03	22.41	04.01 16.36	31. So 11.46	—.—

Die Sommerzeit vom 30. 3. 86 bis zum 28. 9. 86 ist berücksichtigt   Die Sommerzeit vom 30. 3. 86 bis zum 28. 9. 86 ist berück

Dad nahm das Ruder und bewegte das Boot gut sechs Meter weiter. »Schwimm her zu mir!«, rief er.

Die Boje drehte sich und schoss immer wieder unter mir weg aus dem Wasser. Meine Finger glitten an ihr ab, und ich ergriff die bemooste Kette, die sich auf den Meeresboden senkte. Meine Beine bemühten sich verzweifelt um die richtigen Bewegungen, aber es gelang mir nicht, mich über Wasser zu halten. Das salzige Wasser des Ozeans brannte in den Augen, füllte meinen Mund.

Ich rang nach Luft, Wasser schluckend rief ich nach Dad, aber er kam nicht, um mich zu holen. Zwischen meinem verzweifelten Planschen und Spritzen erhaschte ich hin und wieder einen Blick auf ihn, wie er ganz friedlich im Boot saß. Er schien unendlich weit entfernt.

»Ganz ruhig, Sonny, nicht so hastig.«

Während er darauf wartete, dass ich mich beruhigte, ließ er die Glasbodenkiste ins Wasser und schaute hinein. Haie, Muränen und Stachelrochen schossen mir durch den Kopf und sammelten sich wie Gespenster um meine Beine. Ich zog die Füße dicht an den Körper heran, musste sie aber wieder ausstrecken, um zu treten.
Ich ließ die Boje los und versuchte, zum Boot zu schwimmen. Jetzt sanken meine Füße nach unten und zogen mich mit. Wasser schoss mir in den Mund und würgte mich. Ich arbeitete mich wieder hoch, suchte mit Händen und Füßen verzweifelt Halt im Wasser und fand keinen. Wieder begann ich zu sinken, schnappte nach Luft und sog in großen schmerzhaften Schlucken Wasser ein. Ich wollte schreien, bekam aber keinen Ton heraus. Arme und Beine waren wie Gummi und wollten mir nicht gehorchen, meine Hände ... meine ...
Da stieß ich an etwas Festes.
Das Ruder.
Dad hatte es mir entgegengestreckt, damit ich mich am Ruderblatt festhalten konnte. Ich packte es und arbeitete mich Hand über Hand mit fieberhaften Bewegungen an das Boot heran. Dad packte mich und zog mich wie einen frisch gefangenen Fisch an Bord.
Am ganzen Leib zitternd, völlig erschöpft, keuchend, hustend und vor Nässe triefend saß ich Dad im Bug gegenüber.
Meine Zähne hörten nicht auf zu klappern.
Dad saß, die Ellbogen auf die Knie gestützt, wartend da. »Das hast du gut gemacht«, sagte er. »Ruh dich ein bisschen aus.« Und nach einer Pause: »Deine Mutter wäre stolz auf dich, Sonny. Aber sie hätte das hier nie gutgeheißen. Sie nannte deinen Großvater einen Barbaren, als ich ihr erzählte, wie ich schwimmen gelernt hatte. Sie war eine gute Schwimmerin, besser als ich. Wenn sie noch lebte, könntest du schon längst schwimmen.«
Ich vermied es, Dad anzusehen. Er sollte denken, ich sei noch zu müde, um wieder ins Wasser zu gehen.
Dad ruderte das Boot zurück zur Boje und ließ mich wieder ins Wasser hinunter. Der Ozean umschloss mich bis zum Kinn, nur mein Kopf schaute aus dem Wasser. Diesmal hatte ich ein ganz klein wenig mehr Zutrauen. Ich hielt mich an der Boje fest und ließ die Beine hinuntersinken.
Ich schüttelte die Gedanken an Muränen und Haie unter mir im Wasser ab und konzentrierte mich auf Dad. Wieder ließ ich die Boje los und strampelte wild spritzend und gegen den unbarmherzigen Sog in die Tiefe ankämpfend durch die glatte Nachmittagssee.

Immer wieder ließ mich Dad von der Boje zum Boot schwimmen, bis ich keine Kraft mehr hatte. Ab und zu ermunterte er mich mit einem Zuruf, und jedes Mal, wenn ich das Boot erreichte, zog er mich an Bord und ließ mich ausruhen.

Während er darauf wartete, dass mein Atem ruhiger wurde, suchte er den Meeresgrund durch seine Glasbodenkiste ab. Nachdem ich vielleicht zum zehnten Mal von der Boje zum Boot geschwommen war, rief er mich zu sich, um mir eine alte grüne Flasche zu zeigen, die aus dem sandigen Grund ragte. Dann deutete er auf eine nur schwach sichtbare Spur, die aussah, als hätte jemand mit dem Finger eine dünne Linie tief unten im Sand gezogen.

»Manchmal findet man eine Muschel, wenn man um eine solche Spur herum gräbt«, sagte er.

Dad glitt ins Wasser und erschien unter mir. Er bewegte sich so mühelos wie eine Schildkröte, war im Wasser ebenso zu Hause wie an Land.

Ich hielt die Glasbodenkiste, so ruhig ich konnte, und beobachtete, wie er sich der Spur von hinten näherte. Langsam, als schöbe er die Hand unter ein Laken, tastete er im Sand nach der vergrabenen Muschel.

Plötzlich explodierte der Boden um ihn herum, eine Wolke von Sand stieg auf und spritzte nach allen Seiten. Dad bewegte sich mit heftigen Armbewegungen rückwärts und versuchte durch eine schnelle Drehung zu entkommen. Ich sah, wie etwas wie eine Peitsche vor seiner Brust niedersauste und ihn nur knapp verfehlte. Aus der wachsenden Wolke brach ein riesiges geflügeltes Lebewesen hervor, das im Sand vergraben gewesen war. Es schwang sich empor und flüchtete vor Dads zappelnden Bewegungen, schneller als jedes andere Tier, das ich je unter Wasser gesehen hatte.

Dad kam an die Oberfläche und zog sich ins Boot. Mein Herz schlug gegen meinen Brustkorb wie die Wellen gegen den Hafendamm. War er getroffen worden?

»Mit dem ... hab ich nicht gerechnet ...«, sagte Dad, als er wieder bei Atem war. »Hab ihn aufgeschreckt ... aus dem Schlaf ... Hatte keine Ahnung, dass er überhaupt da war.«

»Was war das?«, fragte ich.

Dad antwortete nicht gleich, ließ erst seinen Atem ruhiger werden. »Ein Teufelsrochen«, antwortete er schließlich. »Die greifen keine Menschen an ... aber einen Riesenschrecken können die einem einjagen.« Dad fing an, das Band seiner Tauchermaske festzuziehen. Er atmete noch immer schwer.

»Ich möchte, dass du mit mir runtergehst«, sagte er, als ob nichts passiert wäre. Er setzte mir meine Maske auf und zog sie mir über die Augen. »Komm, wir tauchen runter und sehen uns mal um.«

Ich riss mir die Maske vom Gesicht, und er setzte sie mir wieder auf.

»Aber ... aber der Teufelsrochen ...«, sagte ich.

»Wegen ihm brauchst du dich nicht zu sorgen«, sagte Dad. »Rochen tun Menschen nichts, das sind friedliebende Tiere.« Er ließ sich über den Rand des Bootes ins Wasser gleiten und streckte die Arme nach mir aus. Er bewegte sich kaum. Seine Flossen hielten ihn im Wasser, als hätte er Boden unter den Füßen.

»Versuch nicht zu schwimmen«, sagte Dad, »atme nur tief ein und halt den Atem an. Dann lässt du dich mit mir hinuntersinken. Hab keine Angst, ich bring dich dann wieder rauf.«

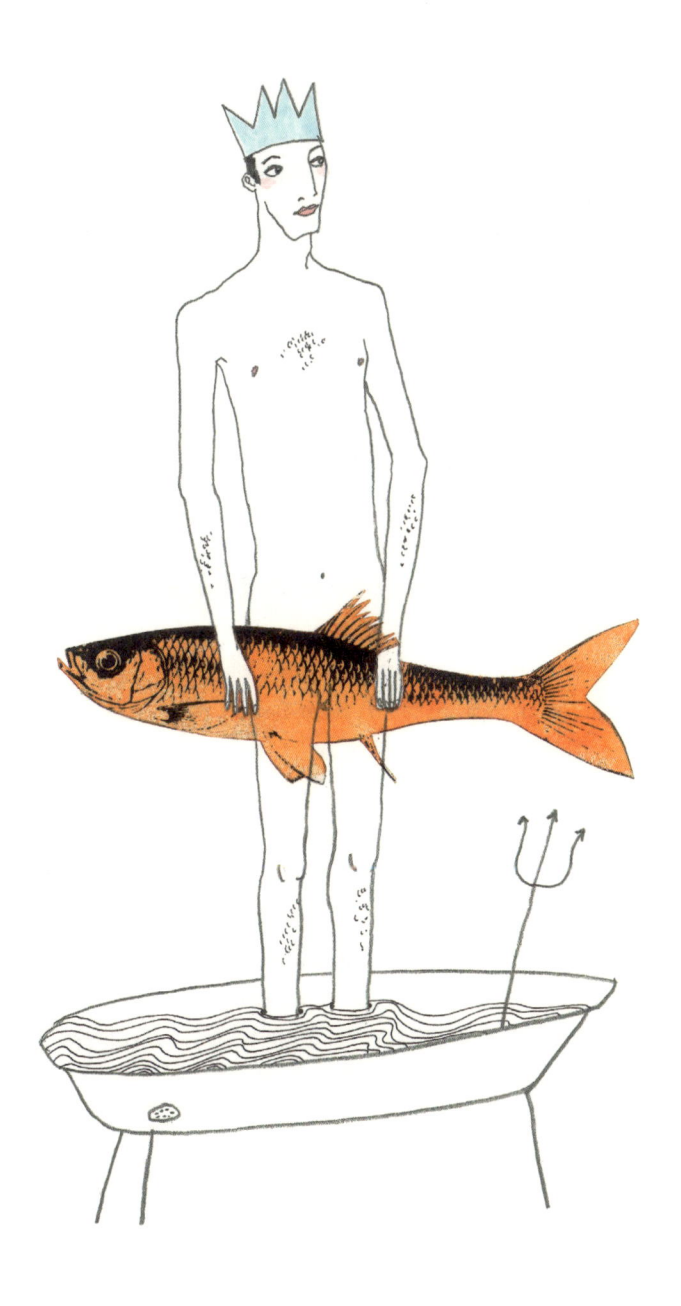

Zsuzsa Bánk (1965)
Der Schwimmer

Ungarn 1956: Ohne ein Wort verlässt Katalin ihre Familie und flüchtet über die Grenze in den Westen. Ihr Mann Kálmán verkauft Haus und Hof und zieht fortan mit den Kindern Kata und Isti durch das Land. Der genaue Blick der Kinder (Kata ist die Ich-Erzählerin des Buches) trifft auf eine Welt, die sie nicht verstehen. Nur wenn sie am Wasser sind, an Flüssen und Seen, wenn sie dem Vater zusehen, wie er seine weiten Bahnen zieht, und wenn sie selber schwimmen – nur dann finden sie verzauberte Momente der Leichtigkeit und des Glücks.

Isti und ich hatten an einem Sonntag schwimmen gelernt. An einem dieser Sonntage, wie es sie hier oft gab, mit dieser Stille, die bloß den Flügelschlag eines Vogels zuließ, der sich im Wein verfangen hat. […]
Mein Vater hatte sich ein Handtuch um den Nacken gelegt, war durch den Garten gelaufen, dann die Straße hinab, und als Isti ihm vom Tor aus hinterherrief und fragte, was er da um seinen Hals gewickelt habe, hatte er uns mitgenommen, nicht zu seinem Platz, sondern zu einem anderen Strand, mit Wespenschwärmen am Wasser, dicht wie Winternebel. Der Sand war dunkel, das Schilf sah fast faul aus. Mein Vater hatte uns befohlen, langsam weiter in Richtung See zu gehen, auf einer schmalen Mauer, uns mit nackten Füßen vorzutasten, die Arme dicht am Körper. Isti und ich hatten die Augen geschlossen. Ich konnte die Flügelschläge der Wespen spüren und die Luft, die sie bewegten. Geht langsam, hatte mein Vater gesagt, auch wenn sie sich auf euch setzen, geht einfach weiter, immer weiter, und dann, am Ufer, hatte er uns gepackt, in den See geworfen und gerufen, schwimmt. Das Wasser war so flach gewesen, dass sogar Isti an den meisten Stellen hatte stehen können. […] Den ganzen Nachmittag hatte er uns abwechselnd an den Hüften gehalten, mal mit dem Bauch nach unten, mal mit dem Bauch zum Himmel, und Isti und ich hatten mit Armen und Beinen gerudert wie Schiffbrüchige. Mein Vater war zwei Stöße geschwommen, wir hatten ihm zugeschaut und es dann selbst versucht, er war untergetaucht, wir waren ihm kopfüber gefolgt, hatten uns die Nasen zugehalten, die Augen unter Wasser geöffnet und nicht mehr gesehen als ein dunkles Grün und darin unsere Gesichter, größer als sonst. Wir hatten uns an den Händen gefasst und die Luft so lange angehalten, dass selbst mein Vater darüber staunte, wie lange wir ohne Luft unter Wasser sein konnten. Isti hatte sich eine Fischwelt vorgestellt, aus kleinen und großen Fischen, und er wunderte sich, dass er jetzt nicht einen einzigen sehen konnte. […]

Tage hatte es gedauert, bis wir schwimmen konnten, wenigstens ein paar Meter, ohne unterzugehen oder zu viel Wasser zu schlucken, und jeden Morgen, wenn mein Vater den ersten Kaffee trank, standen Isti und ich schon mit Handtüchern und Badeschuhen in der Tür und warteten. Uns war es gleich, ob es regnete, ob es kalt oder heiß oder schwül oder windig war, ob der Himmel nach einem Unwetter aussah oder das Wasser noch aufgewühlt war vom letzten Regen. Ági hatte gefragt, Wozu? Wozu müssen Kinder schwimmen?, und mein Vater hatte geantwortet, sie müssen eben.

Als er geglaubt hatte, wir seien so weit, war er mit uns zur ersten Sandbank geschwommen, zehn Minuten entfernt vom Strand. Er war in der Mitte geschwommen, immer ein paar Stöße vor uns, Isti rechts und ich links hinter ihm. Wenn wir Wasser schluckten, hatte mein Vater gerufen, schwimmt auf dem Rücken weiter, das strengt euch nicht so an, legt euch auf den Rücken, lasst euch ein bisschen treiben, und Isti und ich, wir hatten uns gedreht, auf unsere Zehenspitzen geschaut, die aus dem Wasser ragten, hatten unsere Köpfe nach hinten fallen lassen, die Ohren unter Wasser getaucht, und Isti hatte ein tiefes U gegurgelt, weil er glaubte, so höre sich ein Unterwasserboot an.

Bis zum Abend waren wir auf der Sandbank geblieben, auf einem schmalen Streifen Sand in den Wellen, waren geschwommen, hatten uns ausgeruht, hatten meinem Vater dabei zugesehen, wie er sich schwimmend von uns entfernte, wie er die Hand hob und uns winkte, von der nächsten Sandbank aus, unter einem Himmel, der an diesem Tag nicht blau, sondern gelb war. Isti hatte versucht, ihm zu folgen, mein Vater hatte gebrüllt, war ins Wasser gesprungen, hatte Isti dann geschnappt und ihn auf den letzten Metern auf seinem Rücken sitzen lassen. Jedes Mal, wenn mein Vater vorschlug, wir sollten zum Ufer zurückschwimmen, hatten Isti und ich uns geweigert. Wir hatten uns in den Sand gelegt, uns mit Sand beworfen und beschmiert, hatten uns den Sand aus den Haaren gewaschen und endlich gewusst, wie das ist: im Wasser sein. […]

Isti verbrachte fortan jede freie Minute am Wasser. Er kam nachts zurück, brachte vom Ufer Schilfzweige, die er in die Dachluke klemmte, und Steine, mit denen er einen Pfad vor sein Bett legte, um darauf morgens mit nackten Füßen und ausgebreiteten Armen zur Stiege zu balancieren. Am Tag schwamm Isti Libellen hinterher, vergeblich, und am Abend, wenn es still war, hörte er dem Wasser und den Fischen zu, die man nicht sehen, aber hören konnte, wie Isti mir erklärte. Ich saß am Ufer und schaute ihm zu, wenn er unter einem nassen Mond seine Bahnen zog, sein Ohr auf die Wellen legte, seine Hand hob und rief: Ich kann sie hören.

Wenn er zu lange tauchte, sprang ich auf, lief ins Wasser, packte ihn und zog ihn hinaus, und Isti schimpfte, weil der Fisch jetzt weg sei, den er belauscht habe, und das sei meine Schuld, allein meine Schuld. […]

Es gab keinen Grund, keine Ausrede für Isti, nicht im Wasser zu sein, er kümmerte sich weder ums Wetter noch um Mahnungen und Verbote. Er landete mit einem Sprung im See, überall und jederzeit, und die anderen fingen an zu sagen, festbinden müsse man ihn, an einer Leine. […]

Isti ging früh am Morgen ans Wasser, wenn alle schliefen, und er war noch am Abend dort, wenn der See anfing, seine Farbe zu verlieren. Isti schwamm, ohne davon müde zu werden, und wir schauten ihm vom Ufer aus zu. Um Mitternacht, auf dem Weg zurück, wenn Istis Haare noch zu nass waren, wenn er in Gärten kletterte, um eine Handvoll Kirschen zu pflücken, und wir die Kerne durch die Luft spuckten, in immer höheren Bögen, dann blickte Isti hinab zum See und sagte, jetzt wäre die richtige Zeit zum Schwimmen.

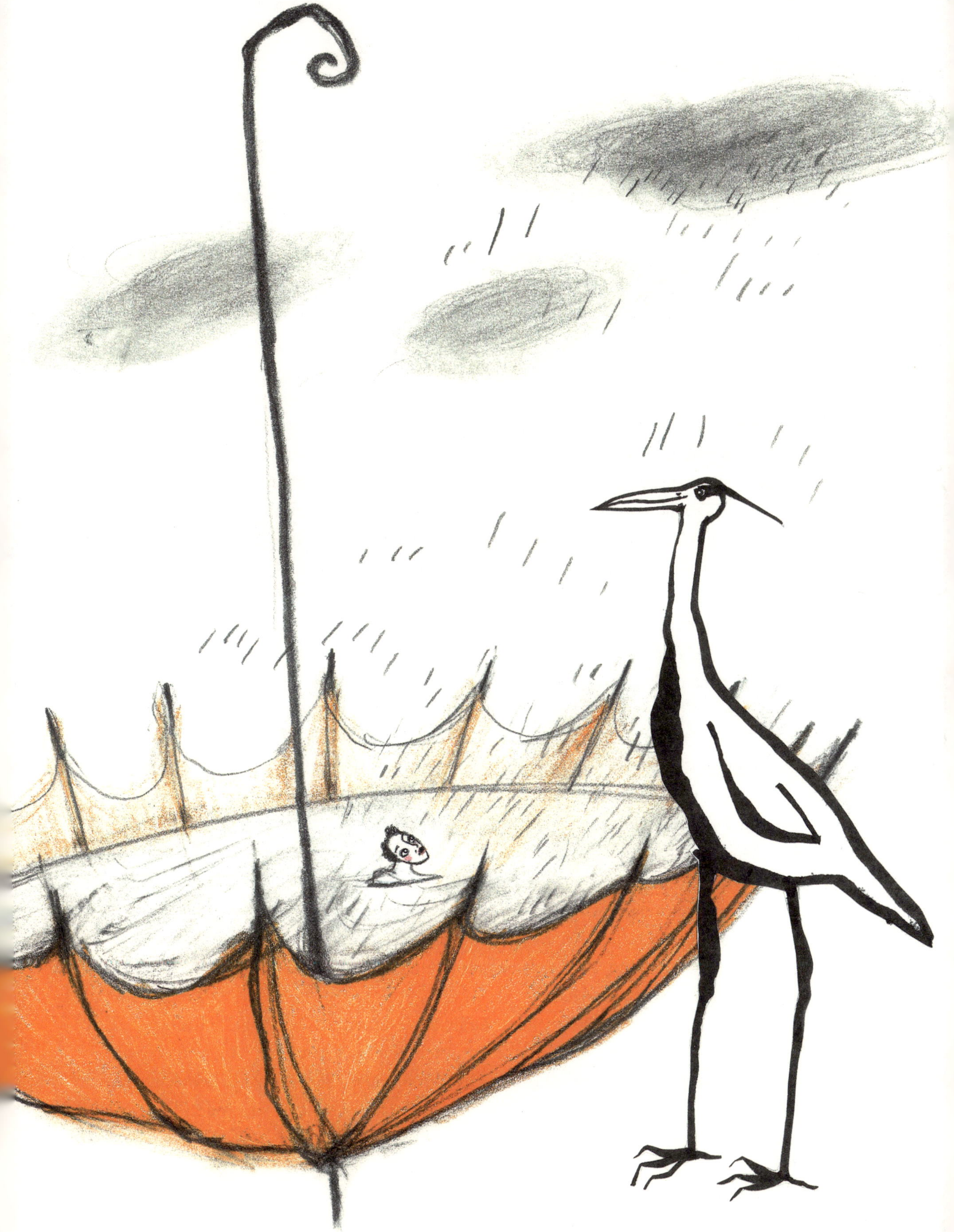

Charles Simmons (1924)
Die Sandbank

Wie jedes Jahr verbringt Michael den Sommer mit seinen Eltern im Ferienhaus am Atlantik. In diesem Jahr, 1963, ist er fünfzehn Jahre alt. Er verliebt sich zum ersten Mal – und es ist zugleich das Jahr, in dem sein Vater ertrinkt. Im ersten Kapitel des Buches »Salzwasser« zeichnet sich auf subtile Weise ein kommender Konflikt zwischen Vater und Sohn ab, ohne dass man als Leser weitere Protagonisten des Romans schon kennt.

Eine halbe Meile vor der Küste bildete sich Ende Juni im Laufe einer Woche eine Sandbank. Wir konnten sie nicht sehen, aber wir wussten, dass sie da war, denn die Wellen brachen sich dort. Jeden Tag bei Ebbe warteten wir darauf, dass sie aus dem Wasser auftauchen würde. So weit draußen hatte sich noch nie eine Sandbank gebildet, und wir fragten uns, ob sie halten würde. Wenn ja, dann wäre das Wasser im Uferbereich geschützt und ruhiger. Wir könnten unser Boot, die Angela, auf der Höhe des Hauses verankern, statt wie sonst in Johns Bay auf der anderen Seite von Bone Point. Auch das Schwimmen würde anders sein, wie in einer Bucht, und mit dem Wellenreiten wäre es vorbei.
Vater und ich angelten vor der Küste nach Kingfischen, Wittlingen, Blaubarschen und Seebarschen. Die Seebarsche kämpften am besten, und sie schmeckten am besten. Wir zogen auch jede Menge Sandhaie raus, aber sie waren klein; nutzlose Dinger, die wir ins Meer zurückwarfen. Manchmal legten wir große Haken für richtige Haie aus. Zum Auswerfen waren die zu schwer. Wir befestigten ein Stück Makrelenfleisch daran, und ich schwamm hinaus und versenkte sie. Das haben wir schon gemacht, als ich noch klein war, doch damals paddelte ich mit meinem Schwimmreifen hinaus, ließ den Haken sinken, und Vater zog mich an einem Seil wieder herein. Meine Mutter sah das nicht gern, auch wenn wir es nur bei ruhiger See taten. Einmal erwischten wir einen hundert Pfund schweren Hammerhai, der seltsamste Fisch, den ich je gesehen habe. Sein Kopf sah aus wie ein Vorschlaghammer mit Augen. Die Leute behaupteten, er würde Menschen fressen, aber Vater sagte, das stimme nicht.
Wir fingen auch Stachelrochen. Wenn Vater einen an der Angel hatte und ich gerade im Haus war, dann rief er, und ich kam mit dem Gaff, einem Haken am langen Stiel, angerannt. Stachelrochen sind breite, flache Fische. Erwischt man sie nahe am Ufer im seichten Wasser, dann saugen sie sich am Boden fest, und

man kann sie nicht einholen. Man muss mit Gummistiefeln hinauswaten und sie durchbohren, damit das Wasser das Vakuum löst. Wir fingen welche mit einer Spannweite von anderthalb Metern. Sie haben stachelbesetzte Schwänze, mit denen sie um sich schlagen und einen verletzen können. Deshalb muss man auf den Schwanz treten und ihn abschneiden, bevor man den Fisch durchbohrt. In manchen Gegenden isst man diese Rochen; wir taten es nicht.
Ich bin nie mit dem Gaff hinausgegangen. Vater erlaubte es mir nicht. Er machte das, während ich die Angel hielt. Einmal hatte Vater schon den Schwanz abgeschnitten und den Körper des Fisches durchstoßen, da machte sich der Rochen samt Gaff davon und zerrte mich mit sich. Die Spule war blockiert. Ich ließ die Angelrute nicht los und wurde hinausgezogen bis dorthin, wo Vater stand. Er nahm mir die Angel aus der Hand, und als wir den Rochen endlich reingeholt hatten, war er schon fast tot. Wir schnitten ihn von der Schnur, und er trieb davon.
»Wenn ich nun nicht da gewesen wäre«, sagte Vater, »wie lange hättest du noch festgehalten? Für immer?«
»Ja«, sagte ich, und er drückte mir die Schultern. In jenem Sommer war ich sieben.

Obwohl wir nach einer Woche noch immer nichts von der Sandbank sahen, wurde ihr Vorhandensein mit jedem Tag deutlicher. Die Wellen brachen sich dort.
»Hast du Lust rauszuschwimmen?«, fragte Vater.
Es war, als hätte er meine Gedanken gelesen.

»Wir haben Ebbe«, sagte er. »Wir können auf der Sandbank ausruhen. Auf dem Rückweg wird die hereinkommende Flut uns mitnehmen. Was meinst du?«
Wir waren beide gute Schwimmer. Vater kraulte, ich bevorzugte Rückenschwimmen. Das ist zwar langsamer, aber ich schaute gern in den Himmel, wenn ich schwamm. Gibt es etwas Schöneres, als mit dem Körper im Wasser und mit dem Geist im Himmel zu sein? Wenn wir gemeinsam schwammen, war Vater mir meist voraus, dann wendete er, tauchte, blieb unter Wasser, kam wieder hoch und tollte herum, bis ich aufgeholt hatte. Er war eine richtige Wasserratte.
Diesmal sollte er das besser lassen, fand ich. Wir hatten eine Strecke von einer halben Meile ins offene Meer vor uns, und er verschwendete bloß seine Energie. Als wir etwa zweihundert Meter geschwommen waren, wusste ich, dass wir uns verschätzt hatten. Wir waren zu schnell gewesen. Die Ebbe hatte ihren Tiefstand noch nicht erreicht, wie Vater vermutet hatte. Die Strömung ging noch hinaus und zog uns auf die Sandbank zu. Jeden Tag verschoben sich die Gezeiten um eine Stunde. Heute waren wir um zwölf Uhr losgeschwommen, und ich erinnerte mich, dass gestern um diese Zeit Ebbe gewesen war. Also würde der Tiefstand heute erst eine Stunde später erreicht sein. Das sagte ich Vater.
»Ist schon in Ordnung. Wir können ja auf der Sandbank warten, bevor wir zurückschwimmen.«
Er schien nicht beunruhigt, aber er tollte auch nicht weiter herum.
Als wir die Sandbank erreichten, war das Wasser dort tiefer, als wir gedacht hatten. Vater konnte mit dem Mund über Wasser stehen, ich aber nicht. Er versuchte, mich bei der Hand zu nehmen, damit die Strömung mich nicht weiter ins Meer zog, doch er verlor den Halt. Ich musste schwimmen, um auf gleicher Höhe mit ihm zu bleiben.
»Wir können uns nicht ausruhen«, sagte er. »Wir müssen zurück. Du darfst nicht in Panik geraten, verstehst du?«
»Schon gut.«
»Soll ich dir helfen?«
»Wenn du mir helfen musst, kriege ich garantiert die Panik.«
Es war nicht leicht. Was uns vorantrieb, war der Gedanke, dass die Strömung nachlassen würde. Die Frage war bloß, wer zuerst ermüden würde – die Ebbe oder wir. Am Strand standen Leute und beobachteten uns. Als wir näher kamen und ich wusste, dass wir es schaffen würden, drehte ich mich auf den Bauch und winkte meiner Mutter. Ich schluckte Wasser. Wir brauchten fünfundzwanzig Minuten für den Rückweg; der Hinweg hatte nur zehn Minuten gedauert.

Vater und ich lagen lange Zeit erschöpft am Strand. Mutter hielt meine Hand. Sie hatte eine Stinkwut auf Vater.

Am selben Abend nach dem Essen winkte mir Vater, mit nach draußen zu kommen. Wir gingen am Wasser entlang und redeten kaum. Ich dachte, er wollte nach dem Meer sehen oder Mutter aus dem Weg gehen, die nicht mit ihm sprach. Der Tag war freundlich und klar gewesen. Jetzt war die Luft schwer und feucht, und es blies ein kalter Wind herein, der die See kabbelig machte.

»Da draußen habe ich einen Moment lang gedacht, du würdest mich allein lassen«, sagte ich.

»Das würde ich nie tun. Wie kommst du darauf?«

»Nur so.«

»Hättest du mich denn allein gelassen?«, fragte Vater.

»Nein, Sir.«

»Dann ist ja gut«, sagte er und legte seinen Arm um meine Schultern. Immer wenn er das tat, fühlte ich mich von ihm geliebt.

Wir gingen zum Haus zurück. Mutter machte gerade ein Feuer im Kamin.

»Na, zieht es die Täter an den Tatort zurück?«, sagte sie. Sie hatte sich wieder beruhigt. Vor dem Schlafengehen spielten wir Monopoly. Der Wind drehte, und während der Nacht kam ein kräftiger Nordost auf. Er dauerte drei Tage. Danach war die Sandbank verschwunden.

Das Wasser rinnt, das Wasser

spinnt, bis es die ganze Welt gewinnt

Franz Hohler (1943)
Es war einmal ein Bach

Es war einmal ein Bach,
der machte großen Krach.

Er rauschte, brauste, brodelte,
er johlte, jauchzte, jodelte

und rollte Steine auf dem Grunde,
am Tag, zur Nacht, zu jeder Stunde.

So tanzte er dem Stausee zu
und ward verschluckt. Nun gab er Ruh.

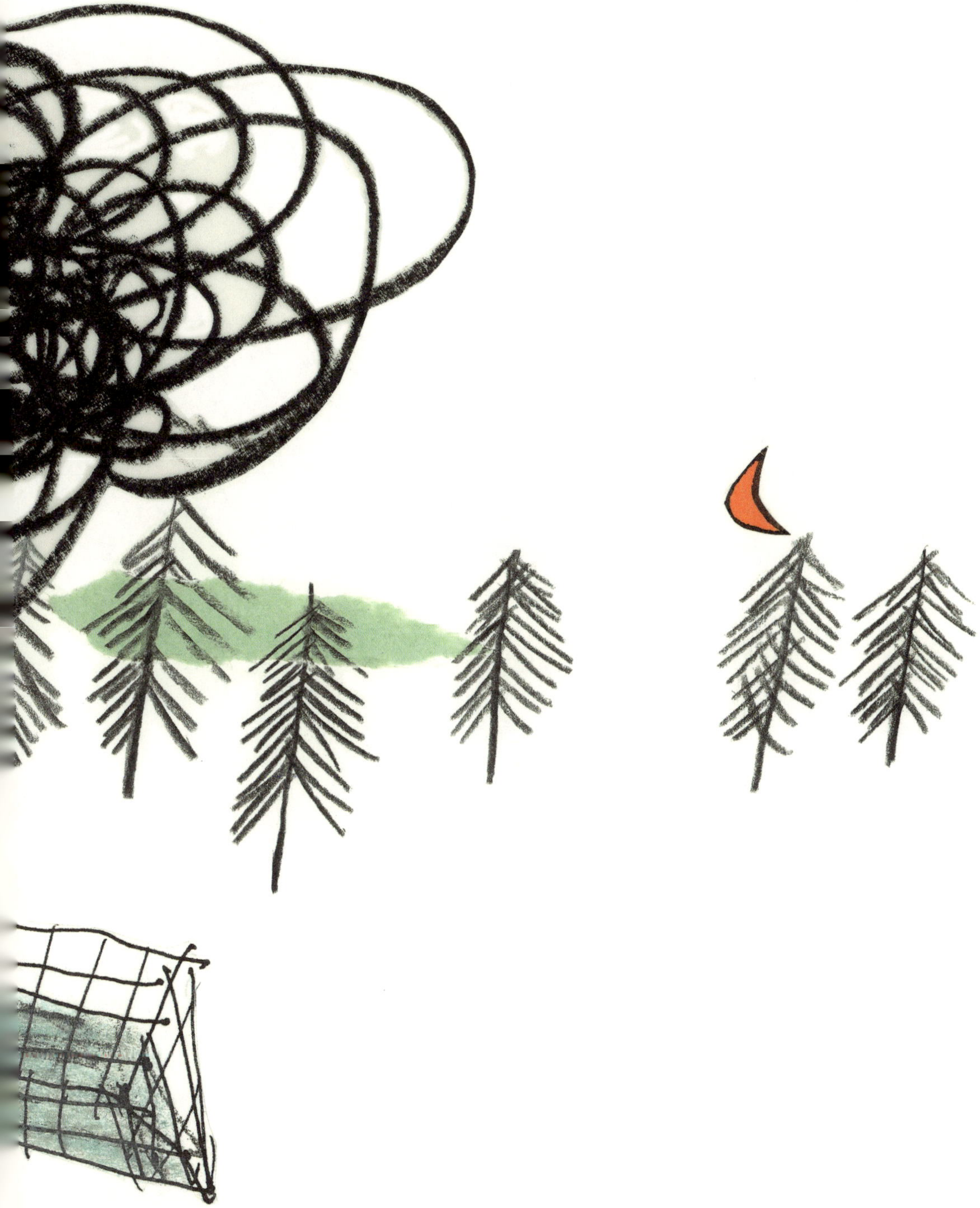

Christian Morgenstern (1871–1914)
Der Walfafisch oder Das Überwasser

Das Wasser rinnt, das Wasser spinnt,
bis es die ganze Welt gewinnt.
      Das Dorf ersäuft,
       die Eule läuft,
und auf der Eiche sitzt ein Kind.

Dem Kind sind schon die Beinchen nass,
es ruft: das Wass, das Wass, das Wass!
      Der Walfisch weint
       und sagt, mir scheint,
es regnet ohne Unterlass.

Das Wasser rann mit zasch und zisch,
die Erde ward zum Wassertisch.
      Und Kind und Eul',
       o greul, o greul –
sie frissifraß der Walfafisch.

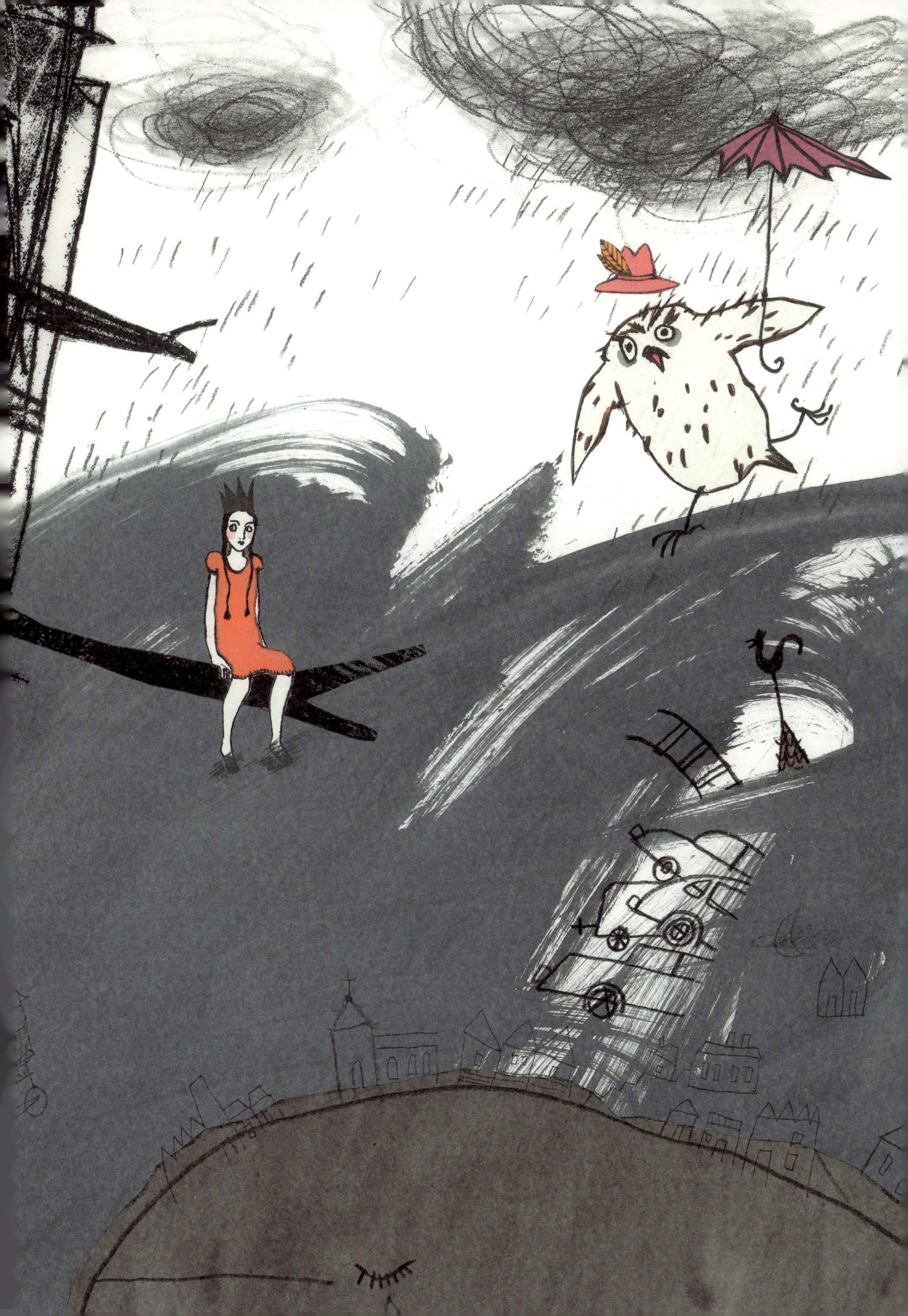

Kenneth Grahame (1859–1932)
Der Fluss

»Den ganzen Vormittag hatte der Maulwurf geschuftet. In seinem kleinen Haus war der Frühjahrsputz ausgebrochen.« Mit diesem Satz beginnt das Buch »Der Wind in den Weiden«, das 1908 unter dem Titel »The Wind in the Willows« erstmals in London erschien.
Dem Maulwurf fällt die Decke auf den Kopf, denn während oben der Frühling tobt, will in seinem unterirdischen Haus die Dunkelheit nicht weichen. Und so lässt er Besen und Staubtuch, Pinsel und Tünche stehen: »Zum Henker mit dem Frühjahrsputz!«, sagt der Maulwurf und gräbt und buddelt sich aus dem Haus, durch den steilen engen Tunnel, der ihm als Einstieg dient, und wälzt sich im Sonnenschein auf einer wunderbaren Wiese.

Es schien alles zu schön, um wahr zu sein. Eilig streifte der Maulwurf hierhin und dorthin, streifte an den langen Hecken vorbei und durch das Unterholz und fand überall Vögel beim Nestbau, Blumen beim Knospen und Blätter beim Grünwerden. Alle waren fröhlich, alle wurden etwas, und alle hatten viel zu tun. Sein Gewissen verhielt sich ganz ruhig: Es quälte ihn nicht und flüsterte ihm nicht »Tünche!« ins Ohr. Stattdessen fühlte er sich prächtig – als einziger Faulpelz unter all diesen tüchtigen Mitbürgern.
Sein Glück schien vollkommen, als er nach langem ziellosen Umherstrolchen plötzlich einen randvoll mit Wasser gefüllten Fluss fand. Er hatte noch nie einen Fluss gesehen: so ein glattes, gewundenes, pralles Tier, kollernd und kichernd, das Sachen gurgelnd ergreift und lachend wieder fahren lässt, um sich auf neue Spielgefährten zu stürzen, die sich von ihm losreißen, um sich noch einmal fangen zu lassen. Er bebte und bibberte, glänzte und glibberte und sprühte Funken, er rauschte und strudelte, schwatzte und blubberte. Der Maulwurf war bezaubert, verhext und angetan. Er trabte am Fluss entlang, wie jemand, der noch sehr klein ist, neben jemandem einhertrabt, der ihm atemberaubende Geschichten erzählt. Als er schließlich erschöpft war, setzte er sich ans Ufer und lauschte dem Fluss, der weiter mit ihm schwatzte: ein plappernder Aufmarsch der besten Geschichten der Welt. Sie kamen aus dem Herzen der Erde, und bald sollte der Fluss sie ans unersättliche Meer weitererzählen.
Der Maulwurf saß im Gras und blickte über den Fluss, und ein dunkles Loch am anderen Ufer stach ihm angenehm ins Auge: Ein wenig über dem Ufer gelegen, gab es ihm träumerische Überlegungen ein. Für ein Tier von geringen Ansprüchen, das gern am Fluss, aber über dem Wasser wohnte, wo es weder Lärm noch Staub gibt, wäre dies ein behaglicher Platz zum Leben. Während er auf das Loch starrte, blitzte

etwas Kleines kurz auf und verlosch und blinkte wieder auf wie ein ganz kleiner Stern. Aber es konnte sich in dieser Umgebung kaum um einen Stern handeln, und für ein Glühwürmchen war es zu klein und glänzend. Und dann zwinkerte es ihm zu, und er merkte, dass es ein Auge war; und nach und nach wuchs ein Gesicht um das Auge – wie ein Bilderrahmen um ein Bild.

Ein kleines, braunes Gesicht mit einem Schnurrbart.
Ein feierliches, rundes Gesicht, das immer noch dieses Zwinkern im Auge hatte.
Schlichte, kleine Ohren und dickes, seidiges Haar.
Es war die Wasserratte!
Die beiden Tiere standen still und beäugten einander sorgfältig.
»Hallo, Maulwurf«, sagte die Wasserratte.
»Hallo, Wasserratte«, sagte der Maulwurf.
»Hättest du Lust herüberzukommen?«, fragte die Ratte sofort.
»Unterhalten kann man sich doch auch so«, sagte der Maulwurf ziemlich verdrießlich, weil er noch nie an einem Fluss gewesen war und nicht wusste, wie man sich an Flüssen verhält.
Die Ratte sagte nichts, sondern bückte sich, entknotete ein Seil und zog daran. Dann stieg sie in ein Boot, das der Maulwurf nicht bemerkt hatte. Außen war es blau und innen weiß, und es hatte genau die richtige Größe für zwei Tiere. Der Maulwurf verliebte sich sogleich in das Boot, obwohl er noch nicht so ganz wusste, was man damit macht.
Die Ratte ruderte geschickt herüber und vertäute das Boot. Dann hielt sie dem Maulwurf die Vorderpfote entgegen, und der Maulwurf stapfte heiter nach unten.
»Stütz dich drauf«, sagte sie, »nur nicht schüchtern.« Und bestürzt und begeistert zugleich fand sich der Maulwurf im hinteren Teil eines richtigen Bootes wieder.
»Dies ist ein herrlicher Tag«, sagte er, während die Ratte sich abstieß und den Rudern zuwandte. »Weißt du was, ich habe noch nie in einem Boot gesessen.«
»Was?«, rief die Ratte mit offenem Mund. »Du hast noch nie in einem ... du hast noch nie ... da soll doch ... aber was hast du dann die ganze Zeit getrieben?«
»Ist es denn so schön?«, fragte der Maulwurf schüchtern, obwohl er durchaus darauf vorbereitet war, es auch so schön zu finden, als er sich in seinem Sitz zurücklehnte und die ganze wunderschöne Ausstattung betrachtete und spürte, wie sich das Boot sanft unter ihm bewegte.
»Schön? Es ist das Einzige, was man überhaupt machen kann«, sagte die Wasserratte feierlich und legte sich kräftig in die Riemen. »Glaube mir, junger Freund: Es gibt nichts, aber auch gar nichts, was annähernd so schön wäre, wie einfach so mit dem Boot herumzugondeln. Hör mal, wenn du heute Vormittag wirklich nichts anderes zu tun hast, könnten wir doch den Fluss hinunterfahren und uns einen langen Tag machen?«
Der Maulwurf wackelte vor Glück mit den Zehen, füllte seine Lungen mit einem Seufzer der Zufriedenheit und lehnte sich genussvoll in seine Kissen zurück.

»Oh, doch: ein herrlicher Tag«, sagte er. »Wir wollen gleich damit anfangen.«

»Minute noch«, sagte die Ratte. Sie verknotete das Seil in einem Ring an ihrem Landungssteg, kletterte in ihr Loch und kam kurze Zeit später, unter einem dicken Picknickkorb schwankend, wieder zum Vorschein.

»Schieb dir das unter die Füße«, empfahl sie dem Maulwurf, als sie den Korb ins Boot wuchtete. Dann entknotete sie das Tau und übernahm die Ruder.

Der Maulwurf steckte eine Pfote ins Wasser. Dieses neue Leben hatte ihn eingefangen, hatte ihn mit Glitzern, Kräuseln und Duft und Geräusch und Sonnenschein berauscht. Er träumte ausgiebige Tagträume. Die Wasserratte, verständnisvoll wie sie war, ruderte gleichmäßig und störte ihn nicht.

»Ich bitte vielmals um Entschuldigung«, sagte der Maulwurf und nahm sich ganz gewaltig zusammen. »Du musst mich für ziemlich unhöflich halten, aber hier ist alles so neu für mich. Dies also ist … dies ist also … ein Fluss!«

»Der Fluss«, berichtigte die Ratte.

»Und du lebst wirklich am Fluss? Was für ein edles Leben!«

»Am Fluss und mit dem Fluss und auf dem Fluss und im Fluss«, sagte die Ratte. »Er ist Bruder und Schwester für mich und Tanten und Gesellschaft und (natürlich) Waschgelegenheit. Er ist meine Welt, und ich brauche keine andere. Was er nicht hat, das braucht man nicht, und was er nicht weiß, ist nicht wissenswert. Was wir schon miteinander durchgemacht haben! Ob Winter, ob Sommer, Frühling oder Herbst – immer Spaß und Wonne. Wenn im Februar die Flut kommt und der ganze Keller voller Flüssigkeit steht, die man nicht trinken kann, läuft mir das braune Wasser zum besten Schlafzimmerfenster herein. Und wenn es dann abläuft, bleiben Lehmklumpen zurück, die nach Pflaumenkuchen riechen. Entengrütze und Unkraut verstopfen sämtliche Kanäle, und wenn ich alles beiseitegeräumt habe, finde ich ganz frische Nahrung sowie Sachen, die man achtlos über Bord geworfen hat!«

»Das wird aber doch manchmal ein bisschen langweilig«, wandte der Maulwurf tapfer ein. »Nur du und der Fluss – und niemand, mit dem man sich richtig unterhalten kann?«

»Niemand, mit dem man sich … nun, ich will nicht ungerecht sein«, sagte die Ratte nachsichtig. »Du bist neu hier und weißt natürlich noch nichts. Der Fluss ist sogar so überfüllt, dass mancher bereits fortzieht. Nein, es ist wirklich nicht mehr, was es war. Fischotter, Königsfischer, Zwergtaucher, Blesshühner – und das den ganzen Tag, und immer wollen sie, dass man etwas unternimmt, als hätte man nicht schon genug um die Ohren.«

»Und was ist das da drüben?«, fragte der Maulwurf. Er wedelte mit seiner Pfote dorthin, wo ein dunkler, bewaldeter Hintergrund die sumpfigen Wiesen auf der anderen Seite des Flusses einrahmte.

»Das? Och, das ist nur der Wilde Wald«, sagte die Ratte kurz angebunden.

»Und was ist hinter dem Wilden Wald?«, fragte der Maulwurf. »Das, was so blau und dunstig ist. Hügel sieht man auch, aber vielleicht sind es gar keine Hügel. Und den Rauch von Städten sieht man, aber vielleicht sind es nur Wolkenfetzen.«

»Hinter dem Wilden Wald kommt die weite Welt«, sagte die Ratte. »Und die geht uns nichts an. Dich nicht und mich auch nicht. Ich war noch nie drin, und ich gehe auch nicht hinein. Und du schon gar nicht, wenn du ein bisschen Verstand hast. Sprich bitte nie wieder davon. Na bitte! Hier ist unser kleiner Stausee. Jetzt gibt es gleich das Mittagessen.«

Sie verließen die Strömung des Flusses und glitten in etwas, das aussah wie ein kleiner künstlicher See. Rund herum wuchs grünes Gras, glänzende Wurzeln wanden sich unter der stillen Oberfläche, und vor ihnen blinkte der silberne First eines kleinen Wasserfalls mit schäumendem Getümmel darunter. Dazu gehörte ein rastlos tropfendes Mühlrad, und zu dem Mühlrad gehörte eine Wassermühle mit grauem Giebel. Das Ganze erfüllte die Luft mit einem sanften Geräuschgemurmel, undeutlich und gedämpft. Und manchmal konnte man ganz klare, aber leise Stimmen hören.

Das war alles so schön, dass der Maulwurf nur die Vorderpfoten heben und dreimal »Au, warte!« sagen konnte.

Die Nachmittagssonne stand schon ziemlich niedrig, als sie den gröbsten Hunger etwas besänftigt hatten und die Ratte heimwärts ruderte. Sie hing ihren Träumen nach, ohne sich übermäßig um den Maulwurf zu kümmern. Aber der Maulwurf war voller Stolz, voller Selbstzufriedenheit und voller Mittagessen, und er fühlte sich auf dem Boot schon ganz wie zu Hause (dachte er jedenfalls). Überdies wurde er etwas ungeduldig, und schon sagte er: »Bitte, liebe Ratte, ich möchte auch mal rudern.«

Die Ratte schüttelte lächelnd den Kopf. »Noch nicht, mein junger Freund«, sagte sie. »Warte, bis du ein paar Unterrichtsstunden genommen hast. Es ist nicht so leicht, wie es aussieht.«

Ein bis zwei Minuten war der Maulwurf still. Aber er wurde immer neidischer auf die Ratte, die so kräftig und leichthin rudern konnte, und sein Ehrgeiz begann ihm einzuflüstern, dass er es aber mindestens haargenau so gut könne wie die Ratte. Er sprang auf und packte die Ruder. Dies geschah so unerwartet, dass die

Ratte nach hinten abkippte und die Beine in die Luft reckte. Der Maulwurf nahm triumphierend ihren Platz ein und ergriff die Riemen voller Selbstvertrauen.

»Hör doch auf damit, du dämliches Stück«, rief die Ratte aus der Tiefe ihres Bootes. »Das kannst du nicht! Du bringst uns nur zum Kentern.«

Glühend vor Eifer stieß der Maulwurf die Ruder hinter sich und holte mit großer Gebärde nach dem Wasser aus. Er verfehlte es um Längen, seine Beine flogen ihm über den Kopf, und dann lag er auch schon hilflos auf der Ratte. Angstvoll versuchte er, sich am Bootsrand festzuhalten, und im nächsten Augenblick – Schwaps! Das Boot kenterte, und er strampelte im Fluss.

Das Wasser war kalt und fühlte sich schon sehr nass an. Es sang in seinen Ohren, als er hinunter- und hinunter- und hinuntersank. Die Sonne dagegen sah strahlend und willkommen aus, als er hustend und wasserspeiend wieder auftauchte. Und seine Verzweiflung war dumpf, als er spürte, dass er wieder sank. Dann ergriff ihn eine energische Pfote am Schlafittchen. Es war die Ratte, und die Ratte lachte, das war ganz klar. Der Maulwurf fühlte, dass die Ratte lachte; das Gelächter kam durch den Arm der Ratte, durch ihre Pfote und dann geradewegs dem Maulwurf ins Schlafittchen. Die Ratte fing eines der Ruder ein und schob es dem Maulwurf unter den Arm. Dann steckte sie es ihm noch unter den anderen Arm und schob das hilflose Tier schwimmend vor sich her zum Ufer. Dort zog sie es an Land und setzte das triefende, schlammige Häufchen Unglück ins Gras.

Nachdem die Ratte ihn ein bisschen abgerubbelt und durchgeknetet hatte, sagte sie: »Auf geht's, alter Knabe! Lauf, so schnell du kannst, den Treidelpfad rauf und runter, bis du wieder warm und trocken bist. Ich tauche inzwischen nach dem Picknickkorb.«

So trabte der unselige Maulwurf, außen pudelnass und innen tief beschämt, auf und ab, bis er einigermaßen trocken war. Die Ratte stürzte sich unterdessen ins Wasser, holte das Boot ein und machte es fest. Dann fing sie ihr stromabwärts treibendes Hab und Gut wieder ein und tauchte erfolgreich nach dem Picknickkorb und schaffte ihn an Land.

Als wieder einmal alles fertig war zum Aufbruch, bestieg der Maulwurf schlapp und niedergeschlagen seinen Platz am hinteren Ende des Bootes. Beim Ablegen sagte er leise und voller Gefühl: »Ratte, du großherziger Freund! Ich bedaure mein törichtes und undankbares Benehmen zutiefst. Das Herz bleibt mir stehen, wenn ich bedenke, dass jener wunderbare Picknickkorb beinahe verloren gegangen wäre. Ich war wirklich ein Stiesel, das weiß ich jetzt. Kannst du mir für diesmal noch verzeihen, damit wir neu anfangen können, als sei nichts geschehen?«

»Das geht in Ordnung«, antwortete die Ratte vergnügt. »Was ist schon so ein bisschen Wasser für eine alte Wasserratte! Meistens bin ich ohnehin mehr im Wasser als draußen. Mach dir keine Gedanken mehr darüber. Hör zu, ich glaube wirklich, du solltest ein paar Tage bei mir bleiben. Meine Wohnung ist zwar ziemlich schlicht, aber du wirst es bestimmt bei mir aushalten können. Und ich werde dir beibringen, wie man rudert und schwimmt, und bald wirst du so geschickt mit dem Wasser umgehen können wie unsereins.«

Von dieser freundlichen Ansprache war der Maulwurf so beeindruckt, dass ihm die Stimme versagte, als er etwas antworten wollte. So wischte er sich mit der Pfote nur ein Tränchen oder zwei vom Gesicht.

Zu Hause angekommen, entfachte die Ratte ein schönes Feuer in der Halle und pflanzte den Maulwurf in einen Sessel vor dem Kamin. Dann erzählte sie ihm Flussgeschichten, bis es Zeit zum Abendessen war. Ein sehr vergnügliches Abendessen war das, aber bald danach musste sie einen überaus schläfrigen Maulwurf treppauf ins beste Schlafzimmer geleiten. Wunschlos zufrieden bettete er sein Haupt auf ein Kissen. Er wusste, dass der Fluss, sein neuer Freund, vor dem Fenster wachte.

Und dies war nur der erste Tag. Viele ähnliche Tage folgten, und für den Maulwurf in seiner Freiheit war jeder Tag interessanter und auch länger als der vorangegangene, denn der Sommer näherte sich seinem Höhepunkt. Er lernte schwimmen und rudern, und er lernte die Wonnen des wilden Wassers schätzen. Manchmal legte er das Ohr an die Schilfrohre, und manchmal verstand er, was der Wind sagen wollte, wenn er durchs Röhricht wisperte.

Alan Alexander Milne (1882–1956)
Ferkel ist völlig von Wasser umgeben

Die Erlebnisse des Bären Pu (»Winnie-the-Pooh«) erzählte der britische Autor A. A. Milne seinem kleinen Sohn Christopher Robin, der 1920 geboren wurde. In den Geschichten spielte Christophers Stoffbär Pu die Hauptrolle, aber auch andere seiner Stofftiere treten auf, wie etwa der Esel I-Ah, das Schweinchen Ferkel, das Känguru Känga mit seinem Baby Klein Ruh. Tiger taucht erst im zweiten Band auf. Nur die Eule und Kaninchen dichtete Milne hinzu.
Christopher Robin selbst spielt in den Geschichten natürlich auch eine Rolle, er ist also nicht nur Zuhörer, sondern aktiv am Geschehen der Abenteuer beteiligt.
Pu, »der Bär mit sehr wenig Verstand«, wurde zum liebenswert tumben Helden in einem der berühmtesten Kinderbücher des vorigen Jahrhunderts.

Es regnete und regnete und regnete. Ferkel sagte zu sich selbst, dass es in seinem ganzen Leben noch nie – und es war nun weiß Gott schon drei Jahre alt – oder waren es gar vier? – so viel Regen gesehen hätte. Tage und Nächte und Tage. Wenn ich nur, dachte Ferkel, als es aus dem Fenster sah, bei Pu oder Christopher Robin oder Kaninchen gewesen wäre, als es zu regnen anfing, dann hätte ich die ganze Zeit hindurch Gesellschaft gehabt, anstatt hier allein zu sitzen und nichts zu tun zu haben, außer darauf zu warten, dass es zu regnen aufhört. Und es stellte sich vor, wie es bei Pu sein würde, wenn es fragte: »Hast du je einen solchen Regen gesehen, Pu?«, und wie Pu brummte: »Ist es nicht schrecklich, Ferkel?« Und wie Ferkel sagte: »Ich möchte nur wissen, wie es Christopher Robin geht!«, und wie Pu antwortete: »Ich glaube, das arme alte Kaninchen wird jetzt schon ganz unter Wasser stehen.«
Es wäre schön gewesen, sich so zu unterhalten, und es hatte überhaupt keinen Zweck, so etwas wie diese Flut zu ertragen, wenn man das Erlebnis mit niemandem teilen konnte.
Es war wirklich sehr aufregend. Die schmalen trockenen Gräben, in denen Ferkel so oft herumgeschnüffelt hatte, waren Bäche geworden; die kleinen Bäche, in denen es geplanscht hatte, wuchsen zu Flüssen; und der Fluss, an dessen steilen Ufern sie so fröhlich gespielt hatten, war aus seinem Flussbett getreten und nahm so viel Platz ein, dass Ferkel sich zu fragen begann, ob er nicht bald bis an sein Bett kommen würde.
»Es ist ein bisschen beängstigend für ein kleines Tier«, sagte sich Ferkel, »so völlig von Wasser umgeben zu sein. Christopher Robin und Pu könnten sich durch Klet-

tern retten, und Känga könnte durch Springen entfliehen und Kaninchen durch Graben, und Eule könnte durchs Fliegen entkommen, und I-Ah könnte auch entkommen, wenn er … wenn er lauten Lärm macht, bis er gerettet wird, aber ich, ich sitze nun hier, von Wasser umgeben, und ich kann gar nichts tun.«
Es regnete weiter, und jeden Tag stieg die Flut etwas höher, bis sie beinahe zu Ferkels Fenster hinaufreichte, und noch immer hatte das arme Ferkel nichts tun können. Und plötzlich erinnerte Ferkel sich an eine Geschichte, die ihm Christopher Robin erzählt hatte, von einem Mann, der auf einer einsamen Insel gewesen war, einen Zettel in eine Flasche geschoben und sie dann ins Meer geworfen hatte. Und Ferkel dachte, wenn es etwas in eine Flasche stecken und sie dann ins Meer werfen würde, käme vielleicht jemand und würde es retten!
Ferkel verließ das Fenster und begann sein Haus überall, wo noch kein Wasser war, abzusuchen, und endlich fand es einen Bleistift und ein kleines Stück trockenes Papier und eine Flasche mit Korken. Und auf die eine Seite des Zettels schrieb es:

HILFE! FERKL (ICH)
und auf die andere Seite:
ICH BINS FERKL, HILFE HILFE!

Dann steckte es das Papier in die Flasche und verschloss sie, so fest es nur ging, und lehnte sich, so gut es ohne hinauszufallen möglich war, aus dem Fenster, und warf die Flasche so weit hinaus, wie seine Kräfte es zuließen. Nach kurzer Zeit sah Ferkel sie auf dem Wasser herumtanzen und blickte ihr nach, wie sie davonschwamm, bis seine Augen wehtaten. Manchmal glaubte es, dass es seine Flasche sei und manchmal, dass es nur ein kleiner Strudel sei, und plötzlich wusste Ferkel, dass es seine Flasche nie wieder sehen würde, aber dass es alles getan hatte, um sich zu retten.
Jetzt, dachte Ferkel, wird jemand anders etwas zu tun haben, und ich hoffe, der Jemand wird es bald tun. Denn wenn der Jemand es nicht tut, werde ich schwimmen müssen, was ich nicht kann. Ich hoffe, dass der Jemand es bald tun wird. Und dann stieß es einen tiefen Seufzer aus und sagte: »Ich wünschte, Pu wäre hier. Zu zweit ist alles nur halb so schlimm.«

Als es anfing zu regnen, war Pu fest eingeschlafen. Es regnete und regnete und regnete, und er schlief und schlief und schlief. Er hatte einen ermüdenden Tag hinter sich.

Plötzlich träumte er. Er war am Pol, und es war ein sehr kalter Pol, einer von der kältesten Sorte, einer mit Eis und Schnee. Er hatte einen Bienenstock gefunden, um darin zu übernachten, aber es war nicht genug Platz darin für seine Beine, sodass er sie draußen lassen musste. Und wilde Wuschel kamen, solche, wie sie am Pol wohnen, und knabberten ihm den Pelz von seinen Beinen ab, um damit Nester für ihre Jungen zu bauen. Und je mehr sie knabberten, desto kälter wurden seine Beine, bis er plötzlich mit einem Schrei aufwachte, und da sah er es: Seine Füße steckten im Wasser, und überall rings um ihn her war Wasser!

Er planschte zu seiner Tür und sah hinaus …

»Es ist ernst«, sagte Pu. »Ich muss mich in Sicherheit bringen.« Er nahm seinen größten Honigtopf unter den Arm und floh damit auf einen dicken Ast seines Baumes hoch über dem Wasser, und dann kletterte er wieder hinunter und entkam mit einem weiteren Vorratstopf, und als die Flucht beendet war, saß Pu auf dem dicken Ast, baumelte mit den Beinen, und neben ihm standen zehn Töpfe voll Honig …

Zwei Tage später saß Pu auf seinem Ast, baumelte mit den Beinen, und neben ihm standen vier Töpfe voll Honig …

Drei Tage später saß Pu auf seinem Ast, baumelte mit den Beinen, und neben ihm stand ein Topf voll Honig …

Vier Tage später saß Pu auf seinem Ast …

Als an diesem Morgen Ferkels Hilferuf an ihm vorüberschwamm, stürzte sich Pu mit dem lauten Schrei »Honig!« ins Wasser, ergriff die Flasche und kämpfte sich zu seinem Baum zurück.

»So ein Mist!«, sagte Pu, als er sie öffnete. »Für nichts und wieder nichts so nass zu werden! Was soll ich mit diesem Stück Papier anfangen?«

Er zog den Zettel heraus und sah ihn sich an.

»Es ist eine Botschaft«, sagte er sich, »bestimmt eine Botschaft. Und dieser Buchstabe hier ist ein P oder vielleicht ein F, nein, doch ein P, und der auch, und P heißt Pu, also ist es eine sehr wichtige Botschaft für mich, und ich kann sie nicht lesen. Ich muss Christopher Robin oder Eule oder Ferkel finden, einen von diesen klugen Köpfen, die Sachen lesen können. Die werden mir sagen, was diese Botschaft bedeutet. Aber ich kann ja nicht schwimmen. So ein Mist!«

Dann hatte er eine Idee, und für einen kleinen Bären mit wenig Verstand war es eine gute Idee. Er sagte sich: »Wenn eine Flasche schwimmen kann, dann kann ein Topf auch schwimmen, und wenn ein Topf schwimmt, kann ich mich auf ihn draufsetzen, wenn es ein großer Topf ist.«

Er holte also seinen größten Topf hervor und stöpselte ihn fest zu. »Alle Schiffe müssen einen Namen haben«, sagte er, »deshalb werde ich meins *Der schwimmende Bär* nennen.« Und mit diesen Worten ließ er sein Schiff ins Wasser fallen und sprang hinterher.

Eine kleine Weile lang wussten Pu und *Der schwimmende Bär* nicht genau, wer von ihnen oben schwimmen sollte, aber nachdem sie zwei oder drei verschiedene Lagen ausprobiert hatten, entschieden sie, dass *Der schwimmende Bär* unten blieb und Pu triumphierend rittlings auf ihm saß, wobei er eifrig mit den Füßen paddelte.

Christopher Robin wohnte auf dem höchsten Hügel des Waldes. Es regnete und regnete, aber das Wasser konnte nicht bis zu ihm herankommen. Es war ganz lustig, auf die Täler und auf das viele Wasser hinunterzusehen, aber es regnete so heftig, dass er die meiste Zeit nur dasaß und nachdachte. Jeden Morgen ging er mit seinem Regenschirm hinaus und steckte einen Stock an die Stelle, bis zu der das Wasser kam, und am nächsten Morgen ging er hinaus und konnte den Stock nicht mehr finden, und dann steckte er einen anderen Stock in die Erde, und jeden Morgen hatte er einen kürzeren Weg zu gehen als am Morgen zuvor. Am Beginn des fünften Tages sah er, dass das Wasser ihn von allen Seiten umschloss, und da wusste er, dass er sich zum ersten Mal in seinem Leben auf einer richtigen Insel befand. Das war natürlich sehr aufregend.

An diesem Morgen kam Eule über das Wasser geflogen, um ihren Freund Christopher Robin zu besuchen.

Nachdem sie dies und das zu ihrer Lage beredet hatten und Eule besseres Wetter »in jedem Moment« in Aussicht gestellt hatte, fragte Christopher Robin plötzlich:
»Hast du Pu gesehen?«
»Nein. In jedem Moment …«
»Hoffentlich geht es ihm gut«, seufzte Christopher Robin. »Ich möchte gern wissen, wie es ihm geht. Hoffentlich ist Ferkel bei ihm. Glaubst du, dass es ihm gut geht, Eule?«
»Hoffentlich. In jedem Moment …«
»Sieh doch bitte nach ihm, Eule, denn Pu hat nicht viel Verstand, und vielleicht stellt er etwas Dummes an. Ich habe ihn so lieb, Eule. Hast du mich verstanden?«
»Ja, ja«, sagte Eule. »Ich werde nachsehen und komme direkt wieder zurück.«
Eilig flog sie davon. Nach kurzer Zeit erschien sie wieder.
»Pu ist nicht da«, sagte sie.
»Nicht da? Ach, Pu, wo bist du?«
»Hier bin ich«, hörte er es hinter sich brummen.
»Pu!«
Sie fielen einander in die Arme.
»Wie bist du denn hierhergekommen?«, fragte Christopher Robin, als er endlich wieder sprechen konnte.
»Auf meinem Schiff«, antwortete Pu stolz. »Mir ist eine sehr wichtige Botschaft in einer Flasche zugesandt worden, und da ich etwas Wasser in meinen Augen hatte, konnte ich sie nicht lesen und habe sie auf meinem Schiff zu dir gebracht.«
Mit diesen Worten übergab er Christopher Robin die Mitteilung aus der Flasche.
»Aber das ist ja von Ferkel!«, rief Christopher Robin, als er sie gelesen hatte.
»Steht denn gar nichts von Pu drin?«, fragte der Bär und sah ihm über die Schulter. »Sind das nicht lauter Ps?«
»Nein, mein lieber Pu, das sind lauter Fs«, antwortete Christopher Robin und las die Botschaft laut vor.
»Ach, dann bedeuten diese Fs Ferkel? Ich glaubte, es wären Pus.«
»Wir müssen Ferkel sofort retten!«, sagte Christopher Robin. »Ich hatte gehofft, es wäre bei dir, Pu. Eule, flieg doch bitte zu ihm hin und sage ihm, dass Hilfe naht. Pu und ich werden uns eine Rettung ausdenken und uns, so schnell wir können, einschalten.«

»Nun, Pu, wo ist dein Boot?«, fragte Christopher Robin, als Eule wortlos davongeflogen war, obgleich sie gern noch manches eingewendet hätte.

»Ich muss dir sagen, dass es kein gewöhnliches Schiff ist«, erklärte Pu, als sie miteinander zum Rand der Insel gingen. »Manchmal ist es ein Schiff, und manchmal ist es mehr ein Unfall. Es kommt darauf an.«

»Auf was kommt es an?«

»Ob ich auf oder unter ihm sitze.«

»Ach so! Wo ist es denn?«

»Da!«, sagte Pu und zeigte stolz auf *Der schwimmende Bär*.

Es war nicht das, was Christopher Robin als Schiff erwartet hatte, und je länger er es ansah, desto mehr dachte er, was für ein tapferer und kluger Bär Pu war, und je mehr er darüber nachdachte, umso bescheidener sah Pu an seiner Nase herunter und versuchte, so zu tun, als ob er nichts damit zu tun hätte.

»Für uns beide ist es zu klein«, seufzte Christopher Robin traurig.

»Mit Ferkel sind wir drei.«

»Dann wird es noch kleiner. Ach, Pu Bär, was sollen wir nur tun?«

Und dann sagte dieser Bär, Pu Bär, so etwas Kluges, dass Christopher Robin ihn nur mit offenem Mund anstarren konnte und sich fragte, ob das wirklich der Bär mit sehr wenig Verstand sei, den er so lange gekannt und geliebt hatte.

»Wir könnten in deinem Regenschirm hinfahren«, sagte Pu.

»?«

»Wir könnten in deinem Regenschirm hinfahren«, wiederholte Pu.

»!!!!«

Ja, plötzlich fand Christopher Robin, dass sie es wirklich könnten. Er öffnete seinen Regenschirm und steckte ihn mit der Spitze nach unten ins Wasser. Er schwamm, aber er wackelte sehr. Pu stieg hinein. Er wollte gerade sagen, dass es gut ginge, als er sah, dass es doch nicht ganz gut ging, und nach einem kurzen Trunk, den er sich eigentlich nicht gewünscht hatte, watete er wieder zu Christopher Robin zurück. Dann stiegen beide miteinander ein, und es wackelte nicht mehr.

»Ich werde dieses Boot *Pus Verstand* nennen«, sagte Christopher Robin, und *Pus Verstand* segelte in südwestlicher Richtung anmutig schaukelnd davon.

Ferkels Freude war nicht zu beschreiben, als schließlich das Schiff *Pus Verstand* in Sicht kam, mit dem Kapitän Christopher Robin und dem ersten Maat P. Bär, die zu seiner Rettung nahten.

Noch Jahre später dachte Ferkel gern daran, wie es während der großen Flut in sehr großer Gefahr gewesen war.

Fredrik Vahle (1942)
Regenlied

Es regnet, es regnet,
der Nase, der begegnet
ein dicker runder Tropfen
und der tut auf sie klopfen
und wie und was,
da wird die Nase nass.

Es regnet, es regnet,
und was mir da begegnet,
sind wunderbare Pfützen,
in denen kann man spritzen,
in denen kann man patschen,
in denen kann man matschen
als Pfützenkapitän,
das solltet ihr mal sehn.

Es regnet, es regnet,
oje, wie viel es regnet,
die großen grauen Wolken,
die werden jetzt gemolken,
der Wind mit kalten Händen
tut das an allen Enden.
Und wie und was,
da wird die Erde nass.

Es regnet, es regnet,
oje, wie viel es regnet.
Es regnet auf die Berge
und auf die Gartenzwerge
und auf die größten Dächer
und in den Eierbecher
und wie und was,
das alles, das wird nass.

Es regnet, es regnet,
der Regen, der begegnet
am Ende noch dem Meer
und das sagt: »Bitte sehr,
was soll denn das, ich bin schon nass,
das Meer ist doch kein Regenfass.
Hör auf mit deinem Weinen.
Jetzt soll die Sonne scheinen.«

Die Sonne, die Sonne,
die gute warme Sonne.
Die scheint jetzt auf die Berge
und auf die Gartenzwerge
und auf die größten Dächer
und in den Eierbecher.
Und sogar meine Socken,
die werden wieder trocken.

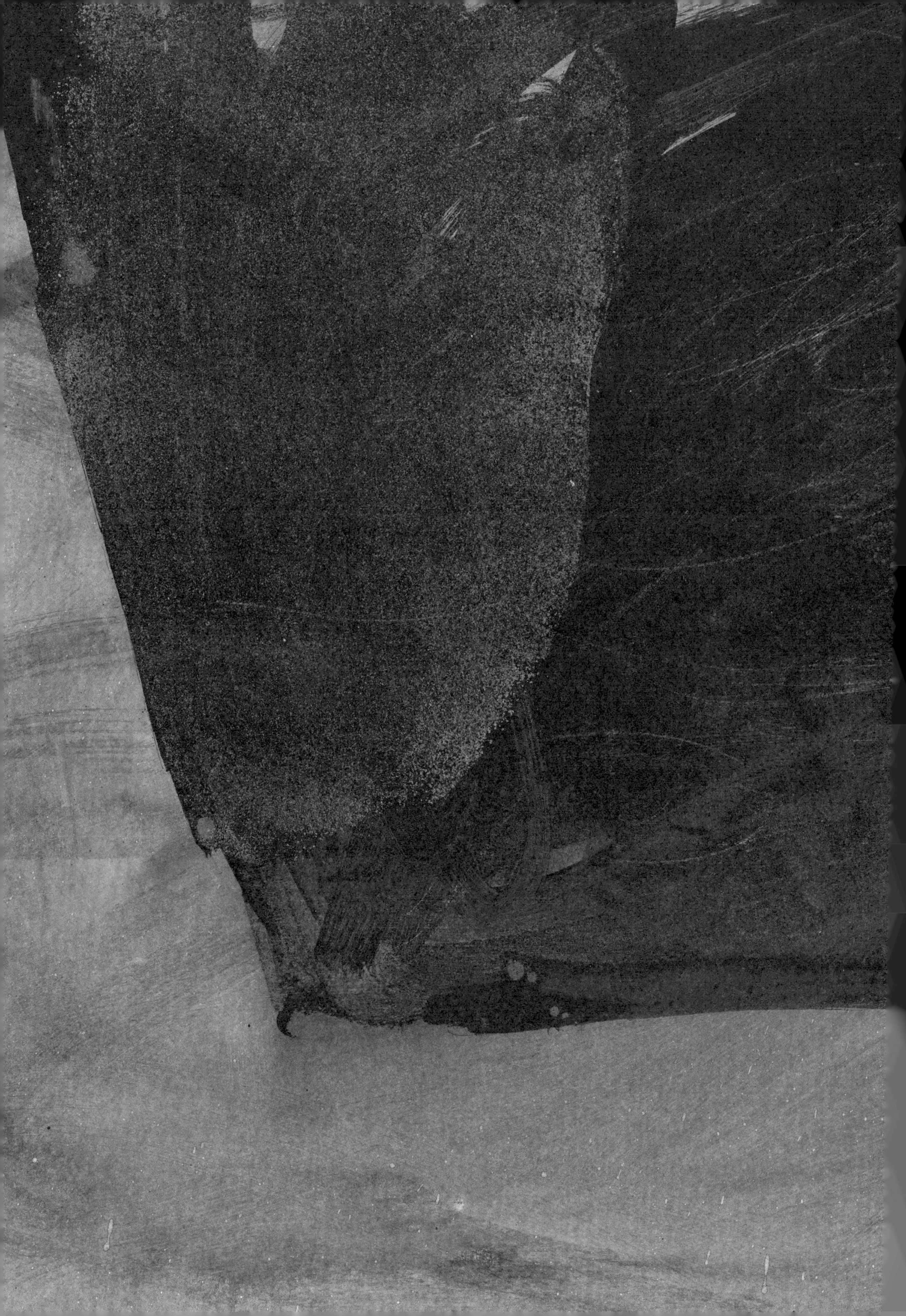

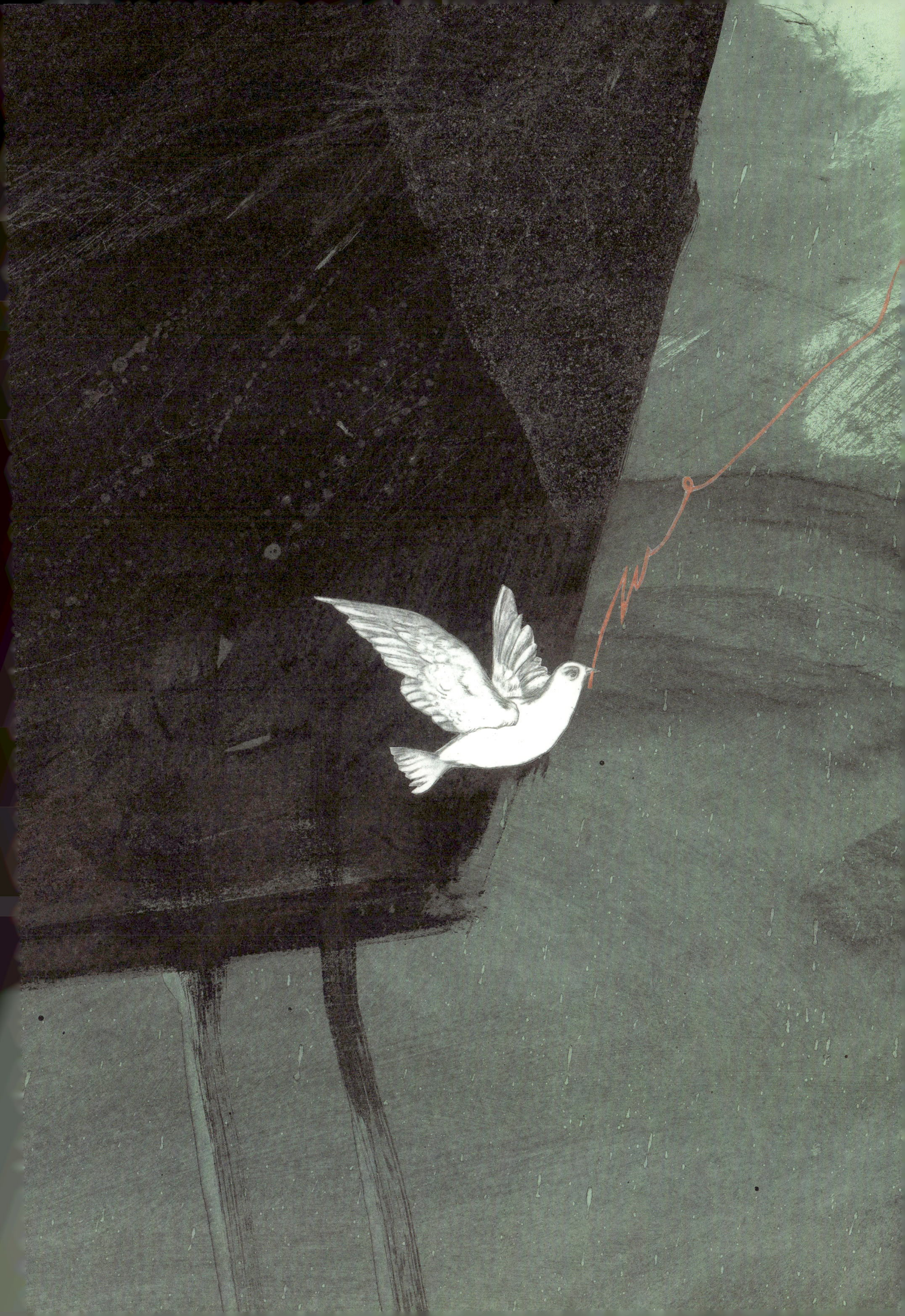

Sybil Gräfin Schönfeldt (1927)
Die Sintflut – Die Arche Noah

Die Geschichte von Noah, dem Bau der Arche und der großen Sintflut stammt aus dem Alten Testament, aus dem Ersten Buch Mose, Kap. 6–10.

Gott schaute auf die Erde und sah, dass die Menschen böse waren, dass sie logen und betrogen, den Nachbarn bestahlen und sich stritten und prügelten. Da reute es ihn, dass er die Menschen gemacht hatte, und er sprach: »Ich will sie von der Erde vertilgen, und mit ihnen alle Tiere.«
Nur Noah fand Gnade vor dem Herrn, denn Noah, ein Nachkomme von Set, war ein frommer Mann. Er hatte drei Söhne, Sem, Ham und Jafet. Doch zu Noah sprach der Herr: »Zimmere dir einen Kasten aus Zypressenholz. Drinnen soll er lauter Kammern haben und von innen und außen gut mit Pech gedichtet werden. Der Kasten soll dreihundert Ellen lang, fünfzig Ellen breit und dreißig Ellen hoch sein. Er soll drei Stockwerke haben, oben ein Fenster und mitten in der einen Seite eine Tür. Denn ich will eine Sintflut kommen lassen, die alles auf Erden verschlingt. Mit dir aber will ich einen Bund schließen. Du sollst mit deiner Familie in den Kasten gehen und von allen Tieren ein Paar mitnehmen, damit sie weiterleben. Nehmt euch auch zu essen und zu trinken mit, damit ihr nicht verhungert.«

Vielleicht hat Noah gedacht: So schlimm wird es wohl nicht kommen! Und vielleicht haben seine Söhne, zu denen Gott ja nicht gesprochen hatte, den Vater zuerst ausgelacht. Aber als der alte Mann die ersten Bäume schlug und zu Brettern schnitt, haben sie ihn nicht im Stich lassen wollen. Sie haben ihm geholfen, und die Frauen haben Vorräte gesammelt für Mensch und Vieh.
Noah und seine Söhne bauten also den Kasten genau so, wie Gott es gesagt hatte, und als er fertig war, nannten sie ihn Arche, das ist ein anderes Wort für Kasten. Dann klappten sie die Tür auf, und als alle Tiere in der Arche waren, schloss Gott hinter ihnen zu. Dann brachen alle Brunnen in der Tiefe auf, und alle Schleusen des Himmels öffneten sich, und es regnete vierzig Tage und vierzig Nächte. Das Wasser schwoll an und stieg und verschlang alles auf Erden, nur Noah und die Seinen nicht.
Die Arche wurde von den stürmischen Wogen aufgehoben und trieb hundertfünfzig Tage in den Fluten. Dann setzte sie auf der Spitze des Berges Ararat auf, und das Wasser begann zu sinken. Noah ließ noch einmal vierzig Tage verstreichen,

dann klappte er das Fenster auf und schaute hinaus. Er sah nichts als Wasser um sich herum, aber er dachte: Irgendwo muss es doch schon trocken sein!
Und er ließ einen Raben fliegen. Der strich ab, flog hin und her, aber er kehrte nicht zurück. Da ließ Noah eine Taube fliegen. Sie fand weder Baum noch Strauch, auf denen sie hätte rasten können, und deshalb flatterte sie wieder zur Arche zurück. Daran merkte Noah, wie hoch das Wasser noch stand.
Er wartete wieder sieben Tage, dann schickte er die Taube zum zweiten Mal los, und sie kehrte mit einem Olivenzweig im Schnabel zurück. Da wusste Noah, dass das Wasser sank, aber er wartete abermals sieben Tage und schickte die Taube das dritte Mal hinaus. Diesmal kehrte sie nicht wieder zurück. Da stieß Noah das Dach der Arche auf und sah, dass die Erde wieder ganz trocken war.
Und da sagte auch Gott: »Kommt jetzt heraus und breitet euch wieder auf der Erde aus.«
Noah öffnete die Tür der Arche, und alle Menschen und Tiere strömten hinaus.
Noah aber baute einen Altar und brachte ein Dankopfer dar, und Gott roch den würzigen Duft und sagte zu sich: Das Herz der Menschen ist böse von Jugend an, aber ich will sie trotzdem nicht noch einmal verfluchen. Ich will ihnen keine Flut mehr schicken, sondern Ordnung in ihre Zeit bringen. Solange die Erde steht, sollen sich Saat und Ernte auf ewig wiederholen, Frost und Hitze, Sommer und Winter, Tag und Nacht.
Und zu Noah sagte er: »Geht hinaus in die Welt! Gründet Familien, bestellt die Erde, sorgt für die Tiere, nehmt euch zum Essen, was ihr braucht – überall wird wieder Grünes wachsen, das ihr ernten könnt. Und ich will einen Bund mit euch schließen, damit die Erde nicht noch einmal in einer Sintflut untergeht.«
Und zum Zeichen dieses Bundes schlug Gott der Herr den Regenbogen über das Firmament. »Ihr werdet ihn immer sehen«, sagte er, »wenn ich Wolken über den Himmel führe, und ich sehe ihn auch und denke dann an den ewigen Bund, den ich mit euch geschlossen habe.«

Eine kleine Sehnsucht großes Verlangen

... ein schiff wird kommen und es bringt mir den Einen, den ich so lieb...

№ 3

Büm Hart-Klaar

und ein

Schiff
matrosen-liebend

ges. gesch.

Kimming!

Johann Wolfgang von Goethe (1749–1832)
Der Fischer

Das Wasser rauscht', das Wasser schwoll,
ein Fischer saß daran,
sah nach der Angel ruhevoll,
kühl bis ans Herz hinan.
Und wie er sitzt und wie er lauscht,
teilt sich die Flut empor;
aus dem bewegten Wasser rauscht
ein feuchtes Weib hervor.

Sie sang zu ihm, sie sprach zu ihm:
»Was lockst du meine Brut
mit Menschenwitz und Menschenlist
hinauf in Todesglut?
Ach wüsstest du, wie's Fischlein ist
so wohlig auf dem Grund,
du stiegst herunter, wie du bist,
und würdest erst gesund.

Labt sich die liebe Sonne nicht,
der Mond sich nicht im Meer?
Kehrt wellenatmend ihr Gesicht
nicht doppelt schöner her?
Lockt dich der tiefe Himmel nicht,
das feuchtverklärte Blau?
Lockt dich dein eigen Angesicht
nicht her in ew'gen Tau?«

Das Wasser rauscht', das Wasser schwoll,
netzt' ihm den nackten Fuß;
sein Herz wuchs ihm so sehnsuchtsvoll,
wie bei der Liebsten Gruß.
Sie sprach zu ihm, sie sang zu ihm;
da war's um ihn geschehn:
Halb zog sie ihn, halb sank er hin
und ward nicht mehr gesehn.

Heinrich Heine (1797–1856)
Lorelei

Ich weiß nicht, was soll es bedeuten,
dass ich so traurig bin;
ein Märchen aus alten Zeiten,
das kommt mir nicht aus dem Sinn.

Die Luft ist kühl und es dunkelt,
und ruhig fließt der Rhein;
der Gipfel des Berges funkelt
im Abendsonnenschein.

Die schönste Jungfrau sitzet
dort oben wunderbar;
ihr goldnes Geschmeide blitzet,
sie kämmt ihr goldenes Haar.

Sie kämmt es mit goldenem Kamme
und singt ein Lied dabei;
das hat eine wundersame,
gewaltige Melodei.

Den Schiffer im kleinen Schiffe
ergreift es mit wildem Weh;
er schaut nicht die Felsenriffe,
er schaut nur hinauf in die Höh'.

Ich glaube, die Wellen verschlingen
am Ende Schiffer und Kahn,
und das hat mit ihrem Singen
die Lorelei getan.

Christian Friedrich Daniel Schubart (1739–1791)
Die Forelle

In einem Bächlein helle,
da schoss in froher Eil
die launische Forelle
vorüber wie ein Pfeil.
Ich stand an dem Gestade
und sah in süßer Ruh'
des muntern Fischleins Bade
im klaren Bächlein zu.

Ein Fischer mit der Rute
wohl an dem Ufer stand
und sah's mit kaltem Blute,
wie sich das Fischlein wand.
So lang dem Wasser Helle,
so dacht ich, nicht gebricht,
so fängt er die Forelle
mit seiner Angel nicht.

Doch endlich ward dem Diebe
die Zeit zu lang. Er macht
das Bächlein tückisch trübe,
und eh' ich es gedacht,
so zuckte seine Rute,
das Fischlein zappelt dran,
und ich mit regem Blute
sah die Betrogne an.

Johann Ludwig Wilhelm Müller (1794–1827)
Wohin?

Ich hört ein Bächlein rauschen
wohl aus dem Felsenquell,
hinab zum Tale rauschen
so frisch und wunderhell.

Ich weiß nicht, wie mir wurde,
nicht, wer den Rat mir gab,
ich musste auch hinunter
mit meinem Wanderstab.

Hinunter und immer weiter
und immer dem Bache nach,
und immer frischer rauschte
und immer heller der Bach.

Ist das denn meine Straße?
O Bächlein, sprich, wohin?
Du hast mit deinem Rauschen
mir ganz berauscht den Sinn.

Was sag ich denn vom Rauschen?
Das kann kein Rauschen sein:
Es singen wohl die Nixen
tief unten ihren Reihn.

Lass singen, Gesell, lass rauschen
und wandre fröhlich nach!
Es gehn ja Mühlenräder
in jedem klaren Bach.

* Nixe, sich ankleidend

Joseph Jacobs (1854–1916)
Der Brunnen am Ende der Welt

Es war einmal – und zwar zu einer sehr guten Zeit, obwohl es weder zu meiner Zeit war, noch zu deiner, noch in der Zeit von irgendjemandem sonst – es war also einmal ein Mädchen, dessen Mutter gestorben war und dessen Vater wieder geheiratet hatte. Die Stiefmutter hasste das Kind, weil es schöner war als sie selbst, und behandelte es sehr grausam. Sie ließ es immer die Arbeit der Mägde verrichten und gönnte ihm keine Ruhe.
Eines Tages endlich beschloss die Stiefmutter, das Mädchen ganz und gar loszuwerden. Sie gab ihm ein Sieb und sagte: »Geh, fülle es im Brunnen am Ende der Welt und bring es mir voll wieder, sonst wehe dir!« Denn sie dachte, dass das Mädchen den Brunnen am Ende der Welt nie finden würde, und selbst wenn: Wie sollte es je ein Sieb voll Wasser nach Hause bringen?
Das Mädchen machte sich auf den Weg und fragte jeden, dem es begegnete, nach dem Weg zum Brunnen am Ende der Welt. Aber niemand wusste es – und es war ratlos, was es machen sollte, bis ihm endlich eine wunderliche, bucklige alte Frau den Weg weisen konnte. Das Mädchen folgte dem Rat der Alten und fand schließ-

lich den Brunnen am Ende der Welt. Aber als es das Sieb in das eiskalte Wasser tauchte, lief alles unten wieder hinaus. Das Mädchen versuchte es abermals und abermals – immer vergeblich. Schließlich setzte es sich hin und weinte, als wolle sein Herz zerbrechen.
Plötzlich hörte es eine quakende Stimme. Es sah auf und erblickte einen großen Frosch, der es mit Kulleraugen anstarrte und fragte: »Was ist geschehen, liebes Kind?«
»Ach, oh weh!«, sagte es. »Meine Stiefmutter hat mich den langen, langen Weg hierhergeschickt zum Brunnen am Ende der Welt. Ich soll dieses Sieb mit Brunnenwasser füllen – aber das will mir einfach nicht gelingen.«
»Nun«, sagte der Frosch, »willst du mir versprechen, eine Nacht lang alles zu tun, worum ich dich bitte, so werde ich dir sagen, wie du das Sieb füllen kannst.«
Das Mädchen versprach es in seiner Not, und der Frosch sagte:
»Mit Moos es verstopf, mit Lehm es verschmier,
so bringst du das Wasser nach Hause von hier.«

Und mit einem Sprung war er im Brunnen am Ende der Welt verschwunden.

Das Mädchen suchte also etwas Moos, um den Boden des Siebs zu bedecken. Darüber schmierte es etwas Lehm – und dann tauchte es das Sieb nochmals in den Brunnen am Ende der Welt. Jetzt lief das Wasser nicht mehr hinaus, und das Mädchen machte sich auf den Heimweg.

In dem Moment steckte der Frosch seinen Kopf aus dem Brunnen am Ende der Welt und sagte: »Denk an dein Versprechen!«

»Ist gut«, sagte es. Im Stillen dachte es: Was kann ein Frosch schon von mir wollen?

So ging das Mädchen zurück zu seiner Stiefmutter und brachte ihr das Sieb voll mit dem Wasser aus dem Brunnen am Ende der Welt. Die Stiefmutter war über alle Maßen verärgert, aber sie sagte nichts.

Genau an dem Abend hörten sie ein Klopfen unten an der Tür, und eine Stimme rief:

>»Öffne die Tür, mein Liebling, mein Herz,
>öffne die Tür, mein Schatz;
>denk an die Worte, die beide wir sprachen
>auf der Wiese beim Brunnen am Ende der Welt.«

»Was kann das nur sein?«, fragte die Stiefmutter, und das Mädchen musste ihr alles berichten, auch, was sie dem Frosch versprochen hatte.

»Mädchen müssen ihr Wort halten«, sagte die Stiefmutter. »Geh und öffne die Tür!« Sie freute sich, dass das Mädchen nun einem hässlichen Frosch gehorchen sollte.

Also ging das Mädchen und öffnete die Tür, und da saß der Frosch vom Brunnen am Ende der Welt. Er hüpfte und er sprang, bis er das Mädchen erreicht hatte, und dann sagte er:

>»Nimm mich auf den Schoß, mein Liebling, mein Herz,
>nimm mich auf den Schoß, mein Schatz;
>denk an die Worte, die beide wir sprachen
>auf der Wiese beim Brunnen am Ende der Welt.«

Aber das Mädchen wollte nicht, bis seine Stiefmutter sagte: »Heb ihn sofort hoch, du Nichtsnutz! Mädchen müssen ihr Wort halten.«

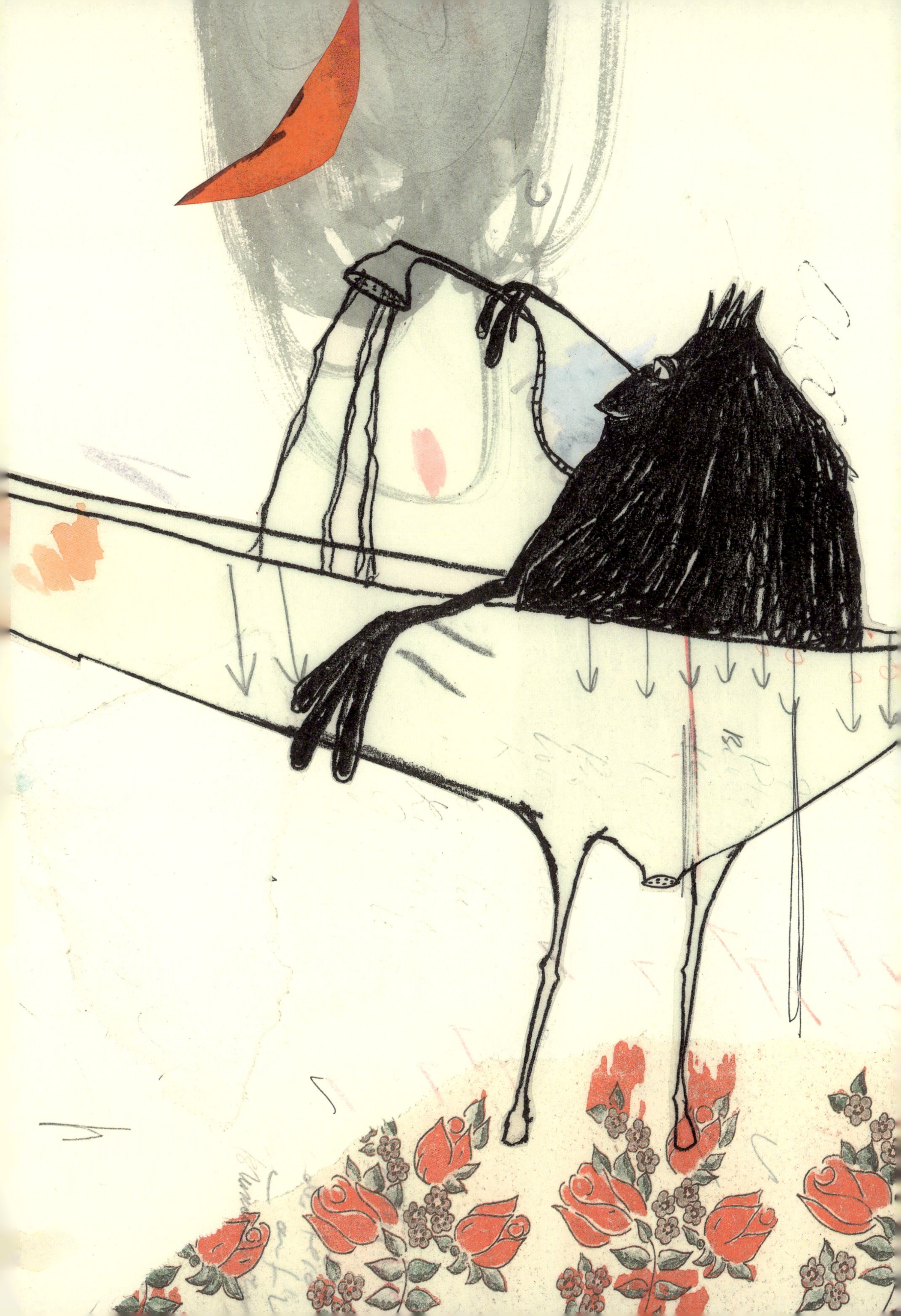

Kakerbeck

KLÖTZE NORD

2

1

So nahm es endlich den Frosch auf den Schoß, und er hockte dort eine Weile, bis er schließlich sagte:

»Gib mir zu essen, mein Liebling, mein Herz,
gib mir zu essen, mein Schatz;
denk an die Worte, die beide wir sprachen
auf der Wiese beim Brunnen am Ende der Welt.«

Das machte dem Mädchen nun weniger aus. Sie holte eine Schüssel mit Milch und auch Brot und gab ihm reichlich. Und als der Frosch fertig gegessen hatte, sagte er:

»Geh ins Bett mit mir, mein Liebling, mein Herz,
geh ins Bett mit mir, mein Schatz;
denk an die Worte, die du zu mir sprachst
auf der Wiese beim Brunnen am Ende der Welt.«

Das wollte das Mädchen nun auf gar keinen Fall, bis die Stiefmutter sagte: »Tu, was du versprochen hast. Mädchen müssen ihr Wort halten. Tu, um was du gebeten wirst, oder verlass das Haus mitsamt deinem Frosch.«

Also nahm das Mädchen den Frosch mit zu sich ins Bett und hielt ihn so weit von sich weg, wie sie konnte. Als der Morgen graute, sprach der Frosch noch einmal:

»Schlag mir den Kopf ab, mein Liebling, mein Herz,
schlag mir den Kopf ab, mein Schatz;
denk ans Versprechen, das du mir gabst
auf der Wiese beim Brunnen am Ende der Welt.«

Zuerst wollte das Mädchen nicht, denn es dachte daran, was der Frosch für sie getan hatte, als sie so verzweifelt war am Brunnen am Ende der Welt. Aber als der Frosch seine Worte wiederholte, nahm sie eine kleine Axt und schlug ihm den Kopf ab – und siehe da: Ein schöner junger Prinz stand vor ihr, der ihr erzählte, er sei von einem bösen Zauberer verwandelt gewesen und habe nicht eher erlöst werden können, als bis ein Mädchen seine Bitten eine Nacht lang erfüllen und ihm zuletzt den Kopf abschlagen würde.

Die Stiefmutter war überrascht, als sie statt des garstigen Frosches einen jungen Prinzen antraf, und sie war überhaupt nicht erfreut, als der Prinz ihr erklärte, er wolle ihre Stieftochter heiraten, denn sie habe ihn erlöst.

Aber der Prinz und das Mädchen heirateten und gingen fort, um im Schloss des Königs, seines Vaters, zu leben. Und alles, womit sich die Stiefmutter trösten konnte, war, dass ihre Stieftochter nur durch ihr Zutun einen Prinzen hatte heiraten können.

Carson McCullers (1917–1967)
Lied für einen Seemann

Ich hab noch nie das Meer gesehn
und nie den Ozean.
Doch einen Seemann liebt ich einst
und darauf kommt's doch an.

Schiff ahoi!

Wenn du ein Schiff bauen willst

Wenn du ein Schiff bauen willst, so trommle nicht Menschen zusammen, um Holz zu beschaffen, Werkzeuge vorzubereiten, Aufgaben zu vergeben und die Arbeit einzuteilen, sondern lehre die Menschen die Sehnsucht nach dem weiten endlosen Meer.

Nixe 44

Stefanie Harjes (1967)
Erwischt

Immer, wenn es Betty Protest volle Breitseite erwischt hatte (»full alongside ship«, wie ihr Onkel Jonny Wind, ein waschechter Seebär*, es auszudrücken pflegte), schürzte sie die Lippen und packte ihre Wärmflasche sowie die blauen Männerunterhosen in ihre Seemannskiste (das einzige Möbelstück, das sie besaß, denn Betty liebte es, von jetzt auf gleich gehen zu können) und stach in die bewegte See ihres Herzens.

*Daher nannte man ihn auch »Surabaya-Jonny«.

1

Hermann Schulz (1938)
Sein erster Fisch

Großvater Henry hatte beschlossen, in diesem Jahr alleine ans Meer zu fahren. »Ich muss über einiges nachdenken«, sagte er.
Die Familie wunderte sich. Raul, sein Enkel, war traurig. »Aber sonst sind wir doch immer zusammen gefahren!«
»Du kannst mich am Wochenende besuchen. Dann können wir gemeinsam ans Meer gehen. Und ich kann mich jetzt schon darauf freuen.«
Raul nickte, war aber trotzdem ein ganz kleines bisschen enttäuscht.
Henry reiste ab und bezog ein Hotelzimmer mit schönem Blick auf das Meer. Er dachte über seine Angelegenheiten nach. Und freute sich auf den Besuch seiner Familie.
In der Frühe am Samstag hielt ein Auto vor dem Hotel. Henry hatte gerade ein Bad im Meer genommen. Er war guter Dinge und begrüßte die Ankömmlinge gut gelaunt.
Enkel Raul kramte schon aufgeregt im Gepäck, um ihm ein Geschenk seiner Eltern zu zeigen: eine prachtvolle neue Angel!
»Kommst du heute mit mir, Henry? Ich möchte sie unbedingt ausprobieren.«
»Natürlich gern«, antwortete der Großvater. »Vom Angeln verstehe ich etwas. Wir müssen nur alles gut vorbereiten.«
Nach dem gemeinsamen Frühstück suchten Raul und der Großvater unter großen Steinen nach Würmern und kleinen Krebsen. Henry besorgte im Hotel einen Eimer für die Fische, die sie hoffentlich fangen würden. Und ein Messer.
Henry wusste einen guten Angelplatz, denn er hatte sich schon überall gründlich umgesehen. »Am besten, wir gehen auf den großen Holzsteg vor dem Restaurant. Da ist das Wasser tief genug, und wir haben Platz, um gemütlich zu sitzen.«
Gemeinsam zogen sie los, nur Henry und Raul. Rauls Eltern wollten lieber am Strand in der Sonne liegen. Den beiden Anglern war das nur recht.
Es war schon gegen Mittag. Henry zeigte Raul, wie man eine Angel auswirft und wieder einholt. Der Junge hatte es schnell begriffen.
»Nun wird es ernst«, sagte Henry und half Raul, einen Wurm an den Angelhaken zu stecken. Raul war schrecklich aufgeregt. Der Großvater brachte ihm das Angeln bei, da wollte er doch alles richtig machen. Der Korken an der langen Angelschnur tanzte lange auf dem Wasser. Raul wurde schon ungeduldig. Aber Henry mahnte: »Beim Angeln muss man Geduld haben! Ein guter Angler überlässt dem Fisch den richtigen Zeitpunkt.«

»Keine Sorge, ich habe schon Geduld. Ich will ja nur, dass endlich mal einer anbeißt!«

Ganz plötzlich ging der Korken unter Wasser. Raul hielt krampfhaft die Angel fest. Hilfe suchend sah er Henry an.

»Ruhig«, sagte Henry, »ganz ruhig. Jetzt musst du den Fisch ganz langsam hereinholen.«

Raul drehte und drehte an der Kurbel. Und dann erschien der Fisch an der Wasseroberfläche. Er war mindestens dreißig Zentimeter lang und schillerte bunt in der Sonne. Es war ein wunderschöner großer Fisch.

Die Gäste im Restaurant hinter ihnen schauten gespannt zu, wie Henry behutsam den Fang vom Haken löste. Als der Fisch zappelnd zwischen ihnen auf den Brettern lag, rief eine aufgebrachte Dame: »Werft den Fisch wieder ins Wasser! Das kann man ja nicht mit ansehen, diese Tierquälerei!«

»Was soll ich machen?«, fragte Raul unsicher und sah Henry an.

»Tierquäler!«, riefen nun mehrere Leute. »Werft den Fisch zurück ins Wasser!«

»Es ist dein Fisch«, sagte Henry ruhig.

Rauls Hände zitterten, Schweiß stand auf seiner Stirn. Er blickte von Henry zu den aufgebrachten Zuschauern und dann wieder auf den Fisch. Henry hielt ihm das Messer hin. »Wenn du ihn töten willst, dann tu es sofort«, sagte er, »du hast ihn gefangen, und du trägst die Verantwortung für den Fisch. Hör nicht auf das, was die Leute rufen.«

Raul hatte Tränen in den Augen, als er das Messer nahm und dem Fisch den Kopf abtrennte. Die Leute im Restaurant waren empört.

Henry legte seinem Enkel den Arm um die Schultern. »Hör nicht auf sie«, sagte er, »du hast alles richtig gemacht. Es war dein erster Fisch.«

Sie packten ihre Sachen und gingen langsam zurück. Hinter sich hörten sie immer noch die aufgebrachten Gäste auf der Restaurantterrasse, die sich wieder ihrem Essen widmeten.

Raul beruhigte sich nur langsam. Er war traurig, wenn er an den Fisch dachte. Aber gleichzeitig war er auch ein bisschen stolz.

Hans Carossa (1878–1956)
Der alte Brunnen

Lösch aus dein Licht und schlaf! Das immer wache
Geplätscher nur vom alten Brunnen tönt.
Wer aber Gast war unter meinem Dache,
hat sich stets bald an diesen Ton gewöhnt.

Zwar kann es einmal sein, wenn du schon mitten
im Traume bist, dass Unruh geht ums Haus,
der Kies beim Brunnen knirscht von harten Tritten,
das helle Plätschern setzt auf einmal aus

und du erwachst – dann musst du nicht erschrecken!
Die Sterne stehn vollzählig überm Land,
und nur ein Wandrer trat ans Marmorbecken,
der schöpft vom Brunnen mit der hohlen Hand.

Er geht gleich weiter. Und es rauscht wie immer.
O freue dich, du bleibst nicht einsam hier.
Viel Wandrer gehen fern im Sternenschimmer,
und mancher noch ist auf dem Weg zu dir.

dodo

Volkslied
Winde wehn, Schiffe gehn

Winde wehn, Schiffe gehn
weit in fremde Land'.
Nur des Matrosen allerliebster Schatz
bleibt weinend stehn am Strand.

»Wein doch nicht, lieb Gesicht,
wisch die Tränen ab!
Und denk an mich und an die schöne Zeit,
bis ich dich wiederhab.

Silber und Gold, Kisten voll,
bring ich dann mit mir.
Ich bringe Seiden und feines Sammetzeug,
und alles schenk ich dir.«

Stefanie Harjes (1967)
In ihren Koffer packte Betty

In ihren Koffer packte Betty
eine große Liebe
eine kleine Sehnsucht und ein großes Verlangen
frohen Mut ein leichtes Herz
ein fernes Wehen und ein nahes Ziehen
kalte Füße warme Hände
eine Muschel ein Kribbeln im Bauch
junge Hunde heiße Küsse
ein Päckchen Nieswurz
schwere Stürme leichte Brisen
eine Prise Glück
ein Dutzend Bagaluten
Frauen mit verwischtem Lippenstift
Männer mit Bärten eine rote Nase
ein romantisches Dachstübchen
eine Insel mit zwei Bergen
ihre höchsten Zehenspitzen
Zügellosigkeit
eine Handvoll Honig und einen Mundvoll Frechheit
die kleine und die große Freiheit
eine kleine Nachtmusik
eine Sashimi-Nixe
eine Tube Herzensbalsam
eine Regenhaube mit violettem Schirm
ein freudiges Juchzen ein tiefes Schnurren
ein leises Brummen ein lautes Peng
und einen Kürbis.

Und machte sich auf die Reise.

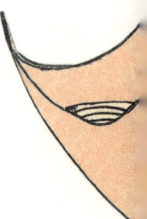

Schiff

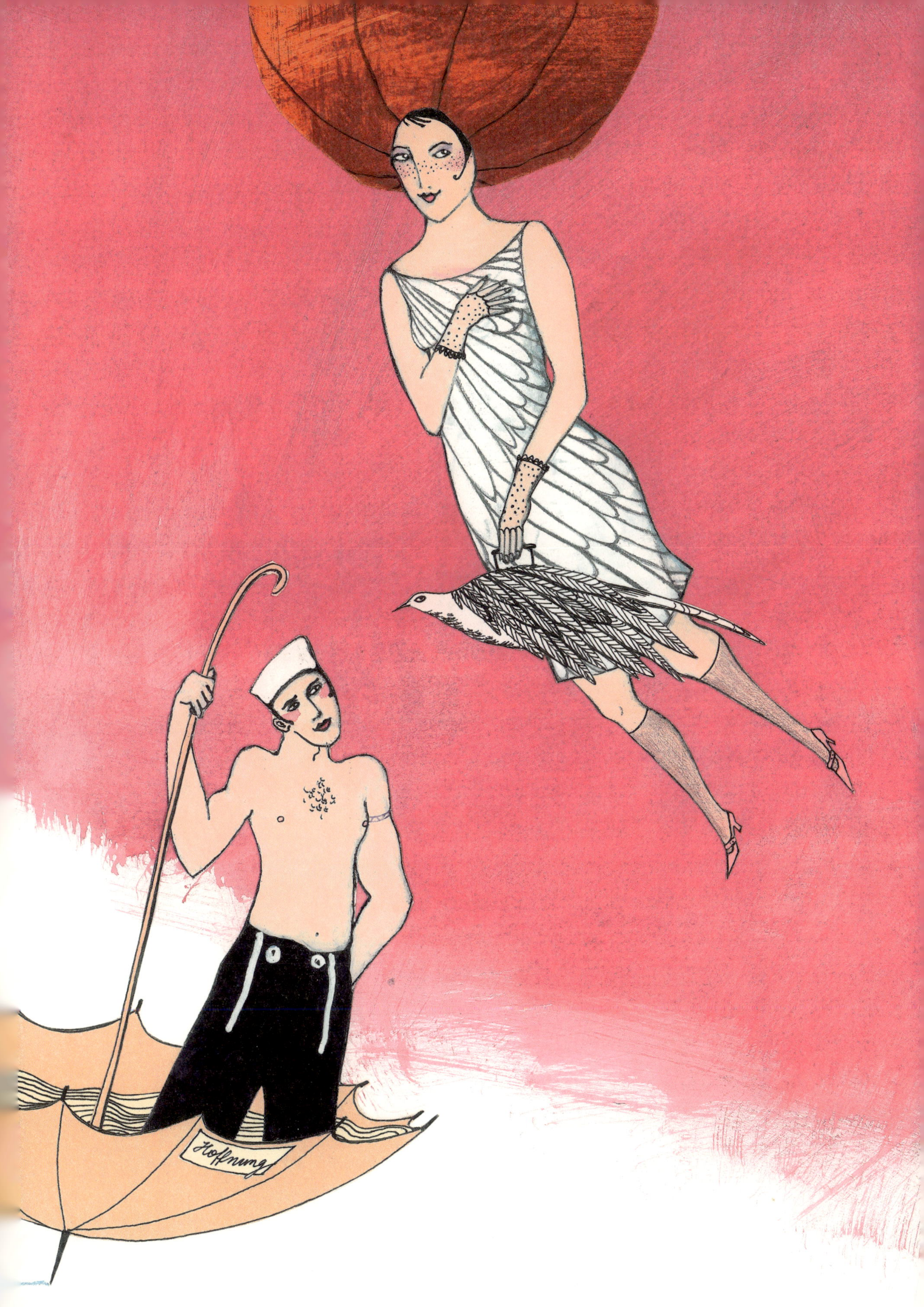
Hoffnung

3 Blech- und Gummibläser

(famose Jazzpfütze?)

* echte Seeferdchen!
** Aufzieh-Seeferdchen

Joachim Ringelnatz (1883–1934)
Seepferdchen

Als ich noch ein Seepferdchen war,
im vorigen Leben,
wie war das wonnig, wunderbar,
unter Wasser zu schweben.
In den träumenden Fluten
wogte, wie Güte, das Haar
der zierlichsten aller Seestuten,
die meine Geliebte war.
Wir senkten uns still oder stiegen,
tanzten harmonisch umeinand',
ohne Arm, ohne Bein, ohne Hand,
wie Wolken sich in Wolken wiegen.
Sie spielte manchmal graziöses Entfliehn,
auf dass ich ihr folge, sie hasche,
und legte mir einmal im Ansichziehn
Eierchen in die Tasche.
Sie blickte traurig und stellte sich froh,
schnappte nach einem Wasserfloh
und ringelte sich
an einem Stengelchen fest und sprach so:
Ich liebe dich!
Du wieherst nicht, du äpfelst nicht,
du trägst ein farbloses Panzerkleid
und hast ein bekümmertes altes Gesicht,
als wüsstest du um kommendes Leid.
Seestütchen! Schnörkelchen! Ringelnass!
Wann war wohl das?
Und wer bedauert wohl später meine restlichen Knochen?
Es ist beinahe so, dass ich weine –
Lollo hat das vertrocknete, kleine
schmerzverkrümmte Seepferd zerbrochen.

Matthias Wegener (1954)
Wenn alle Wasser fließen

Wenn alle Wasser fließen,
dann fließen sie ins Meer.
Doch wenn das Meer steigt,
wohin fließen die Fluten dann
und gießen sich aus und wann
verstummen Winde? Kein Boot zeigt
auf die Wogen, niemand weiß mehr, woher
die brausenden Wasser schießen.

Marie Luise Kaschnitz (1901–1974)
Am Strande

Heute sah ich wieder dich am Strand
Schaum der Wellen dir zu Füßen trieb
Mit dem Finger grubst du in den Sand
Zeichen ein, von denen keines blieb.

Ganz versunken warst du in dein Spiel
Mit der ewigen Vergänglichkeit
Welle kam und Stern und Kreis zerfiel
Welle ging und du warst neu bereit.

Lachend hast du dich zu mir gewandt
Ahntest nicht den Schmerz, den ich erfuhr
Denn die schönste Welle zog zum Strand
Und sie löschte deiner Füße Spur.

Jetzt öffnet der See das

grünspiegelnde Tor

Eine Sage aus Norddeutschland
Der Wassermann in der Mühle zu Steenholt

In Steenholt lebte einmal ein Müller, der das Unglück hatte, dass ihm alle sieben Jahre seine Mühle abbrannte, immer am gleichen Tag, und zugleich wurden jedes Mal auch alle Leute getötet, die sich in der Mühle aufhielten.

Nun kam eines Tages ein Müllergeselle daher, der gerne Arbeit haben wollte; doch der Müller meinte warnend, er könne ihm keine Arbeit geben; in zwei Tagen sei es gerade sieben Jahre her, dass seine Mühle niedergebrannt sei, und an diesem Jahrestag werde sie wieder abbrennen.

Der Geselle schlug vor, der Müller möge ihm die Mühle schenken, dann werde sie nicht abbrennen.

Der Herr erwiderte: »Dat könnt wi versöken. Wenn em de Möl nich upbrennt, so will ik se em schenken, un min Dochter sall he darto hebben!«

Als nun die Nacht anbrach, blieb der Müllergeselle ganz allein in der Mühle und verriegelte Fenster und Türen. Schlag zehn Uhr klopfte es an die Tür. Der Müllergeselle wollte niemand einlassen und rief: »Hier wart hüt Nacht allens umbröcht, wat in de Möl is; blif du man buten.«

Der Mann draußen widersprach: »Lat he mi man in; kann sin, ik kann hüt Nacht sin Retter warren.«

Der Geselle ließ also den Fremden ein, und wie er dann Licht machte, sah er einen Mann eintreten, der einen großen Bären bei sich hatte. Er nötigte ihn zu Tisch.

Nun schlug es Mitternacht. Da sprang plötzlich die Tür auf, und der Waterkärl tappte herein, splitternackt, und warf zwei große Fische auf den Tisch; diese sollten sie ihm bereiten. Sie brachten die Fische also ans Feuer und fingen an, sie zu kochen. Sobald sie gar waren, meinte der Mann mit dem Bären: »Nu mütt ik min Gesellen da ok mit to nödigen«, und nahm dem Bären den Maulkorb ab.

Der Bär wollte nun mit dem Wassermann essen, aber dieser war damit nicht einverstanden. Nun begann der Bär mit dem Waterkärl zu raufen, kratzte und biss ihn und wurde seiner Herr, sodass der ungebetene Gast zuletzt blutend wieder zum Fenster hinausmusste.

In dieser Nacht brannte die Mühle nicht ab. Der Müllergeselle bekam die Mühle und heiratete die Müllerstochter dazu.

Als nun die sieben Jahre um waren, ging der Müller einmal am Mühlteich spazieren. Plötzlich steckte der Waterkärl den Kopf aus dem Wasser und fragte: »Hest du de grote Katt noch, de för säwen Jor bi di weer?«

Da erwiderte der Müller: »Ja, de liggt ünnen Awen und hett säwen Junge.«

Darauf knurrte der Waterkärl missmutig: »So will ik in minen ganzen Läwen nich werrerkamen.«

Otfried Preußler (1923)
Der kleine Wassermann

Als der Wassermann, der am Grunde des Mühlenweihers lebt, eines Tages beim Heimkommen von seiner Frau erfährt, dass er einen kleinen Jungen, einen kleinen Wassermann, bekommen hat, ist er außer sich vor Freude. Er lädt alle seine Freunde zu einer Feier ein.
Aber er kann es kaum erwarten, bis er seinen kleinen Sohn endlich auf den ersten gemeinsamen Ausflug in den Mühlenteich mitnehmen kann – nur Vater und Sohn. Die Wassermannmutter hätte den Kleinen gern noch ein wenig länger zu Hause behalten, aber der kleine Wassermann ist voller Tatendrang: »Das Schönste ist, dass ich jetzt nicht mehr daheimbleiben muss, dass ich endlich hinaus darf!«

Nachdem sie die Morgensuppe gelöffelt hatten, sagte der Wassermannvater feierlich: »So, und nun wollen wir also zum ersten Male miteinander ausschwimmen. Halte die Augen offen, mein Junge, damit du auch recht viel siehst und damit du der Mutter hinterher alles erzählen kannst. Bist du fertig?«
Der kleine Wassermann nickte. »Ich kann es schon kaum mehr erwarten.«
»Na, das verstehe ich«, meinte der Wassermannvater. »Aber zuerst musst du noch deiner Mutter Auf Wiedersehen sagen.«
Der kleine Wassermann sagte der Mutter Auf Wiedersehen, und die Mutter ermahnte ihn, immer schön brav an der Seite des Vaters zu bleiben.
Den großen Wassermann aber bat sie: »Tu mir einen Gefallen, Mann, und vergiss nicht, wie klein unser Junge ist! Denke daran, dass er heute zum ersten Mal ausschwimmt!«
Dann schwammen der große Wassermann und der kleine zur Haustür hinaus, und der kleine Wassermann schwamm an der Seite des großen ein paar Mal rund um das Wassermannshaus herum. Und weil ja das Haus auf dem Grunde des Mühlenweihers stand, konnten sie auch darüber hinwegschwimmen und von oben in den Schornstein hineingucken.
»Genug jetzt!«, sagte der große Wassermann. »Wir sollten uns nun auf den Weg machen.« Der Wassermannvater führte den kleinen Wassermann kreuz und quer durch den ganzen Weiher. Jedem Fisch, den sie trafen, durfte der kleine Wassermann Guten Tag sagen. Er wollte sich auch die Namen der Fische merken, aber es waren zu viele, er brachte sie bald durcheinander.
»Das ist mir im Anfang genauso ergangen«, sagte der Wassermannvater. »Darüber brauchst du nicht ungeduldig zu werden, das gibt sich in einigen Tagen.«

Aber es lebten ja nicht nur die Fische im Weiher! Da waren die Molche, die Schnecken, die Muscheln und Würmer, die Käferlarven und Wasserflöhe und allerhand winzige Dingerchen, die man mit bloßem Auge kaum noch erkennen konnte. Ojemine!, dachte der kleine Wassermann, ob ich all ihre Namen jemals behalten werde? Ich kann sie ja nicht einmal zählen!

An manchen Stellen war der Boden dick verschlammt. Wenn die beiden zu niedrig darüber hinwegstrichen, wirbelten bräunliche Wolken empor, und das Wasser verdüsterte sich. An anderen Stellen lag Kies, der schimmerte ihnen von Weitem entgegen, und wieder an anderen Stellen wuchs Gras. Das war Teichgras. Es wehte in langen Büscheln über den Boden hin und sah aus wie ein Teppich von lauter Wassermannshaaren.

Am besten gefielen dem kleinen Wassermann aber die Wälder von Nixenkraut und von Teichfäden, Wasserfeder und Tausendblatt, die in der Tiefe des Weihers wucherten.

»Wage dich nicht hinein, du bleibst hängen!«, konnte der Wassermannvater gerade noch rufen, da sah er auch schon, wie der Junge kopfüber im Dickicht der Stängel und Blättchen verschwand.

»Wirst du hierbleiben!«, rief ihm der Vater nach und versuchte, den Ausreißer bei den Füßen zu packen. Aber der Junge war schneller als er, und der Wassermannvater behielt nur den linken Stiefel von ihm in der Hand.

Es rauschte und plätscherte noch eine Weile im Dickicht, dann wurde es wieder still. Von irgendwoher aus dem Schlingpflanzenwald rief der kleine Wassermann piepsend: »Wo bin ich?«

Da beschwerte der Wassermann den leeren Stiefel mit einem Stein, damit er nicht davonschwimmen konnte, und machte sich wohl oder übel auf, den Jungen zu suchen.

Die beiden Wassermänner spielten so lange miteinander Verstecken, bis der Junge krebsrot im Gesicht war und kaum noch japsen konnte. Da meinte der Wassermannvater: »Jetzt wollen wir wieder aufhören, weil du dich sonst überanstrengst.«

Aber der kleine Wassermann bettelte: »Nur noch ein einziges Mal!«

»Also gut, dann noch einmal zum Abgewöhnen«, sagte der Wassermannvater und fugte hinzu: »Aber ein zweites Mal kriegst du mich nicht mehr herum, dann ist endgültig Schluss für heute!«

Der kleine Wassermann wollte es diesmal dem Vater besonders schwer machen, ihn zu finden. Er wühlte sich deshalb so tief in die Tausendblattstängel und Wasserfedern hinein, wie er nur konnte. Aber auf einmal bemerkte er voller Entsetzen, dass er gefangen war. Die Schlingpflanzen ließen ihn nicht wieder los.

Er versuchte sich freizustrampeln, aber das half nichts. Im Gegenteil, er verfitzte sich nur noch mehr in dem grünen Knäuel. Da wurde dem kleinen Wassermann angst und bange, und flehentlich rief er um Hilfe.

»Ja, zapple nur!«, gab ihm der Vater darauf zur Antwort. »Ich denke gar nicht daran, dir herauszuhelfen. Hilf dir gefälligst selber heraus, ich lasse dich einfach stecken!«

Aber das meinte der Wassermannvater nicht ernst. Nie im Leben hätte er seinen kleinen Wassermann stecken lassen! Er dachte nur: Mag er ruhig ein Weilchen strampeln, der Lauser, das kann ihm nur guttun. Da wird er ein andermal wenigstens nicht mehr so vorwitzig sein. Und zuletzt, als er sah, dass der Junge es wirklich nicht selber schaffte, nahm er ihn kurzerhand beim Schlafittchen und ruckte ein paar Mal – und schwuppdich!, schon war ihm geholfen.

Der kleine Wassermann hatte sich rechtschaffen abgestrampelt, er musste sich erst einmal hinsetzen. Uff, war er müde! Er stützte den Kopf in die Hände und keuchte. Der Wassermannvater betrachtete ihn eine Zeit lang, wie er so dahockte und nach Atem schnappte. Dann sagte er: »Siehst du, das hast du davon, dass du einfach nicht aufhören wolltest. Ich hätte mich nie darauf einlassen dürfen. Wie soll ich dich denn jetzt nach Hause bringen? Du kannst dich ja nicht einmal mehr auf den Beinen halten, viel weniger schwimmen!«

»Ach, lass mich nur«, sagte der kleine Wassermann mühsam. »Ich muss nur ein Weilchen verschnaufen, dann geht es schon wieder.«

Aber der Wassermannvater glaubte nicht recht daran; wer weiß, wie beschwerlich der Heimweg für ihn und den Jungen geworden wäre, wenn ihnen das Glück nicht den Karpfen Cyprinus zur Hilfe geschickt hätte.

Ahnungslos kam er dahergeschwommen, der Karpfen Cyprinus. Er war schon ein alter Herr, hatte Moos auf dem Rücken und liebte es, während des Schwimmens stillvergnügt vor sich hin zu blubbern. Jedes Mal, wenn er blubberte, stieg eine Luftblase aus seinem runden Karpfenmaul auf; dann verdrehte Cyprinus die Augen und schaute ihr nach. Er bemerkte den Wassermann erst, als er fast mit der Nase an seine Schulter gestoßen wäre.

»Nanu«, rief Cyprinus und wackelte mit den Flossen. »Was ist denn mit euch los? Mir scheint, da kann jemand nicht weiter?«

»Ach, sieh mal, der Karpfen Cyprinus!«, sagte der Wassermannvater. Er zeigte auf seinen Jungen und meinte bekümmert: »Zu müde zum Heimschwimmen. Wenn ich bloß wüsste, wie ich ihn wieder nach Hause bringe!«

Da machte der Karpfen versonnen blubb, blubb – und dann ließ er den Wassermannvater erzählen. Er hörte ihm aufmerksam zu, bis er fertig war.

»Hm«, sprach er schließlich, »da bin ich wohl eben zur rechten Zeit gekommen, blubb, blubb. Ich werde den kleinen Wassermann auf den Rücken nehmen und heimtragen. Abgemacht? Blubb, blubb.«

»Ist das dein Ernst?«, rief der Wassermannvater erleichtert. »Das wäre ja herrlich!«

»Na, hör mal, du kennst mich doch«, sagte Cyprinus, beinahe ein wenig gekränkt. »Wenn ich sage: ›Ich werde den Jungen nach Hause bringen‹, dann tu ich's. Du wirst ja bestimmt nichts dagegen haben.«

»Nein, ganz im Gegenteil!«, sagte der Wassermannvater. »Du tust mir damit einen Riesengefallen.«

»Schon gut«, unterbrach ihn Cyprinus, »man hilft, wo man kann, das ist gar nicht der Rede wert. Sieh lieber zu, dass der Junge sich endlich zurechtsetzt!«

Da musste der kleine Wassermann aufsitzen, und der große Wassermann zeigte ihm, wie er sich festhalten sollte. Dann durfte er auf dem Rücken des Karpfens Cyprinus gemächlich nach Hause reiten.

»Gefällt es dir?«, fragte Cyprinus nach einer Weile.

»Ja, sehr!«, rief der kleine Wassermann hell begeistert. »Versprichst du mir, dass du mich wieder mal mitnimmst?«

»Jawohl, das verspreche ich«, sagte der Karpfen.

(Kalle)

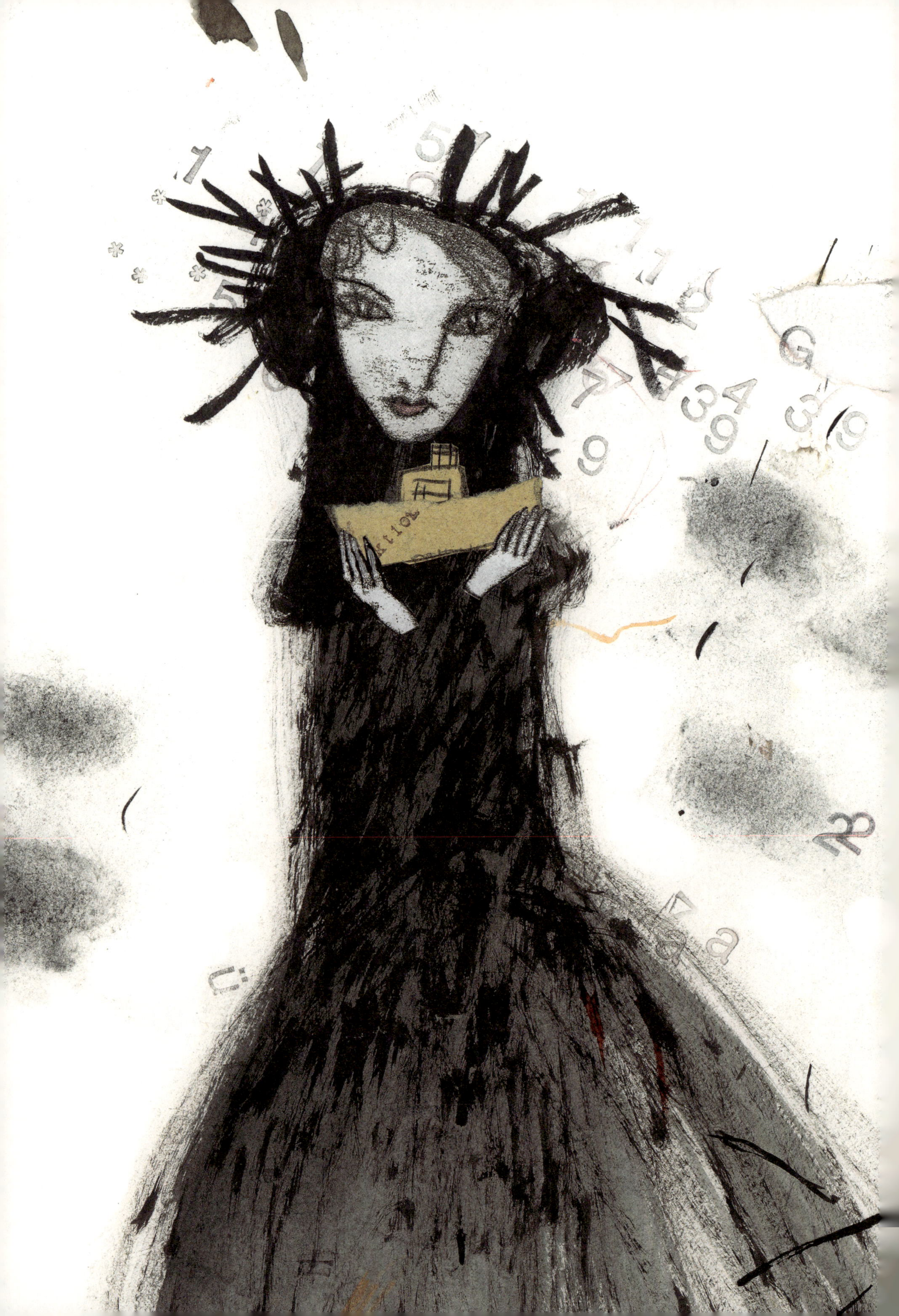

Eine Sage aus Norddeutschland
Die schwarze Greet

Zwei arme Fischer, die auf dem Schleswiger Holm wohnten, hatten die ganze Nacht vergeblich gearbeitet und zogen zum letzten Male ihre Netze wieder leer herauf.

Als sie nun traurig heimfahren wollten, erschien ihnen die schwarze Greet, in königlicher Pracht mit Perlen und Diamanten geschmückt, aber im schwarzen Gewande.

Die sprach zu den Fischern: »Legt eure Netze noch einmal aus. Ihr werdet einen reichen Fang tun. Den besten Fisch aber, den ihr fangt, müsst ihr wieder ins Wasser werfen.«

Sie versprachen es und taten, wie die Greet ihnen gesagt hatte.

Der Fang war so außergewöhnlich groß, dass ihn der Kahn kaum fassen konnte. Einer der Fische aber hatte Goldmünzen statt der Schuppen, Flossen von Smaragd und auf der Nase Perlen.

»Das ist der beste Fisch«, sprach der eine Fischer und wollte ihn wieder ins Wasser setzen. Aber der andere wollte ihn nicht hergeben und versteckte den Fisch unter den übrigen, damit die Greet ihn nicht sehen sollte.

Dann ruderte er hastig zu; denn es war ihm bange zumute. Ungern folgte ihm sein Gefährte. Aber wie sie so dahinfuhren, fingen alle Fische im Boot allmählich an zu blinken wie Gold; denn der Goldfisch machte auch die übrigen Fische golden. Der Kahn wurde immer schwerer und versank am Ende in die Tiefe, in die er den bösen Gesellen mit hinabzog.

Mit Not entkam der andere und erzählte die Geschichte den Holmer Fischern.

Ein Märchen aus Irland
Das schöne Mädchen mit dem meergrünen Haar

Am Rande der Bucht von Gollerus stand Dick Fitzgerald. Es war noch früh, vor Tagesanbruch. Dick rauchte seine Pfeife und schaute aufs Meer hinaus. Soeben stieg die Sonne hinter den Hügelketten auf, das Wasser färbte sich grün unter ihren ersten schwachen Strahlen. Der Nebel lichtete sich, er ballte sich zu weißen Wolken zusammen und stieg – wie Dicks Tabaksqualm – in den Morgenhimmel.
»Wird ein schöner Sommermorgen«, sagte Dick und zog an seiner Pfeife. Das Meer schimmerte nun grau-weiß wie ein polierter Marmorstein. »Na ja, so ist das eben«, seufzte er nach einiger Zeit, »man fühlt sich verdammt einsam, wenn man immer nur mit sich selber spricht und niemand antwortet außer dem Echo der eigenen Stimme. Soviel ist sicher«, sagte Dick und lächelte traurig, »wäre mir das Glück beschieden, eine Frau zu haben, dann wäre alles anders! Aber was in aller Welt ist ein Mann ohne Frau? Nicht mehr als eine Weinflasche ohne Wein, ein Tanz ohne Musik, eine Pfeife ohne Tabak, eine Angelleine ohne Haken – eine halbe Sache eben. Ist es nicht so?«, fragte Dick Fitzgerald einen Felsen, der stumm und schweigend neben ihm stand.
Wie groß aber war sein Erstaunen, als er am Fuß jenes Felsens eine junge, wunderschöne Gestalt erblickte. Sie kämmte ihr feuchtes meergrünes Haar, und die Salzwassertropfen auf ihren langen Locken funkelten im Sonnenlicht wie geschmolzene Butter auf Spinat.
Dick ahnte sogleich, dass sie eine Meerjungfrau war, obgleich er nie zuvor eine gesehen hatte. Neben ihr im Sand lag die kleine rote Zauberkappe, die Kopfbedeckung aller Wassergeister. Dick hatte gehört, man müsse die Kopfbedeckung einer Meerjungfrau nur an sich nehmen, dann könne sie nie wieder in das Wasser zurückkehren. Also sprang er vor und packte die kleine rote Kappe. Die Meerjungfrau aber blickte überrascht auf und sah ihn an wie ein erschrockenes Menschenmädchen. Als sie bemerkte, dass ihre Zauberkappe verschwunden war, rollten salzige Tränen über ihre Wangen, und sie begann leise zu klagen und zu weinen.
Dick war fest entschlossen, die Zauberkappe zu behalten, und wollte abwarten, was nun geschehen würde. Das Meermädchen weinte, ihr Gesicht war traurig und tränennass, und Dick bekam großes Mitleid mit ihr. »Aber weine doch nicht, schönes Mädchen«, sagte er freundlich.
Aber nun weinte und klagte die Meerjungfrau umso lauter. Dick setzte sich neben

sie und streichelte ihre Hand. Es war bei Weitem keine hässliche Hand, obwohl ihr zwischen ihren weißen Fingern Schwimmhäute wuchsen, wie man sie an Entenfüßen sieht. Diese Schwimmhäute aber waren so durchsichtig und fein wie das zarte Häutchen, das zwischen dem Eiweiß und der Schale liegt.

»Wie heißt du denn, liebes Mädchen?«, fragte Dick und hoffte, sie zum Sprechen zu bringen. Er bekam keine Antwort.

Entweder, dachte Dick, ist sie taub und stumm, oder sie versteht meine Sprache nicht. Und da er sich nicht mit ihr verständigen konnte, umfasste er ihre Hand und drückte sie. Diese Sprache schien die Meerjungfrau zu verstehen. Sie hörte auf zu weinen und blickte Dick Fitzgerald in die Augen. »Mann«, sagte sie, »wirst du mich nun aufessen, Mann?«

»Bei allen roten Unterröcken und Küchenschürzen!«, rief Dick und sprang vor Erstaunen auf. »Ich würde mich eher selber aufessen, du schönes Mädchen! Welcher alte Fisch hat dir diese dumme Idee in den Kopf gesetzt?«

»Was willst du mit mir machen, Mann, wenn du mich nicht essen willst?«, fragte die Meerjungfrau.

Dick hatte sich schon lange eine Frau gewünscht. Gleich mit dem ersten Blick hatte er festgestellt, wie hübsch das Meermädchen war; nachdem er aber ihre Stimme gehört hatte und wusste, dass sie sprechen konnte, so gut wie jede Menschenfrau, hatte er sich in sie verliebt.

»Liebes Wassermädchen«, sagte daher Dick, »hier hast du mein Wort, das Wort eines aufrechten irischen Fischers: Du sollst vor den Augen der ganzen Welt meine Frau, Frau Fitzgerald werden!«

»Wenn es so ist«, erwiderte die Meerjungfrau, »bin ich gerne bereit, deine Frau zu werden. Hab nur Geduld und warte ein bisschen, bis ich mein Haar aufgesteckt habe, dann will ich mit dir gehen.«

Dick musste lange warten, die Jungfrau aus dem Meer kämmte ihre grünen Haare sorgfältig und versuchte mehrere Frisuren, bis sie endlich zufrieden war. Schließlich steckte sie den Kamm in ihre Tasche, beugte sich vor und flüsterte einige Worte zu dem Wasser, das beinah bis an den Fuß des Felsens spülte.

Dick sah die gemurmelten Worte über das Wasser huschen, sie trieben wie ein Windhauch über den Wellen ins weite Meer hinaus, und er fragte erstaunt: »Sprichst du mit dem Meerwasser, mein Mädchen?«

»Ja, was sonst?«, antwortete sie unbekümmert. »Ich habe nur eine Nachricht an meinen Vater geschickt, dass er nicht mit dem Frühstück auf mich warten soll.«

»Und wer ist dein Vater?«, fragte Dick.

»Wie! Du hast noch nie etwas von meinem Vater gehört?«, rief das Mädchen. »Er ist doch der König des Meeres!«

»Und du, bist du eine richtige Königstochter?«, fragte Dick und blickte mit großen Augen das Mädchen an, das bald seine Frau sein würde. »Dann bin ich ja ein gemachter Mann mit dir und einem König als Schwiegervater. Sicher besitzt er all das Geld, das auf dem Meeresboden liegt!«

»Geld?«, fragte die Meerjungfrau. »Was ist denn das, Geld?«

»Kein schlechtes Ding – wenn man hat, was man braucht. Sind die Fische denn so verständig, dass sie dir bringen, was du verlangst?«

»Oh ja, sie bringen mir alles, was ich mir wünsche.«

»Nun, um dir die Wahrheit zu sagen«, gestand Dick, »in meiner Hütte habe ich nur ein Strohbett für dich, und das ist wohl nicht das Richtige für eine Königstochter. Wenn es dir nichts ausmacht, könntest du vielleicht ein Federbett verlangen. – Aber, was rede ich da? Wahrscheinlich habt ihr gar keine Betten unter dem Wasser?«

»Oh doch, Betten, so viel du nur willst. Ich allein habe vierzehn Betten, aus Seeigel- und Austernschalen, Seesternen und Korallen.«

»Tatsächlich?«, fragte Dick und kratzte sich verwundert am Kopf. »Ich hatte eigentlich eher an ein warmes, weiches Federbett gedacht. Aber deine Betten sind sicherlich auch sehr schön.«

Wie dem auch sei, Austernschalen oder Federbett, Geld oder kein Geld, Dick Fitzgerald war entschlossen, das Mädchen aus dem Meer zu heiraten, und sie hatte eingewilligt. Sie machten sich auf den Weg, gingen über den Strand und geradewegs nach der kleinen Stadt Ballinrunning, wo sich an jenem Morgen der Pfarrer aufhalten sollte.

»Zwei Worte zu deinem Vorhaben, Dick Fitzgerald«, sagte der Pfarrer und sah mächtig mürrisch drein. »Ist das nicht eine Fisch-Frau, die du da heiraten willst? Gott beschütze uns! Schick die fischblütige Person heim zu ihrem Volk, das ist mein Rat.«

»Bitte, Hochwürden«, sagte Dick, »sie ist die Tochter eines Königs.«

»Und wäre sie die Tochter von fünfzig Königen«, schalt der Pfarrer mit strenger Stimme, »ich habe dir doch gesagt, du kannst sie nicht heiraten. Sie ist ein Fischblut!«

»Aber sie ist so sanft und schön«, sagte Dick leise.

»Sie ist ein Fisch, schick sie heim!«

»Sie verfügt über all das Gold, das unter dem Wasser liegt, sie muss nur danach verlangen. Wenn ich sie heirate, bin ich ein gemachter Mann und ...«, Dick blickte dem Pfarrer in die zornigen Augen, »und ich wäre vermögend genug, mich dankbar zu zeigen und jeden Gefallen reich zu belohnen.«

»Oh!«, erwiderte der Pfarrer. »Nun verstehe ich dich. Warum hast du mir das nicht gleich gesagt? Heirate sie in jedem Fall, auch wenn sie eine Fischblütige ist. Geld und Gut, weißt du, sollte man in diesen schlechten Zeiten nicht verachten. Und sicherlich wirst du auch mich nicht vergessen?«

Also traute der Pfarrer Dick Fitzgerald mit der schönen Meerjungfrau, und die beiden liefen, verliebt wie jedes junge Paar, zu Dicks einsamer Hütte am Meeresufer. Dick ging es nun gut. Was auch immer er in die Hand nahm, es gelang ihm gut. Das Glück war ihm hold. Die Meerjungfrau war ihm eine gute Frau, und sie lebten zufrieden miteinander. Es war auch wahrlich ein Wunder, dem Mädchen aus dem Meer zuzusehen. War sie auch als Tochter des Meerkönigs aufgewachsen, so hielt sie nun wie eine fleißige Hausfrau die Hütte des Fischers sauber und kümmerte sich liebevoll um ihre Kinder.

Drei Jahre waren die Fitzgeralds nun verheiratet, und drei Kinder hatten sie, zwei Söhne und eine Tochter.

Ja, Dick war ein glücklicher Mann, und glücklich wäre er geblieben bis an das Ende seiner Tage, hätte er nur das, was er besaß, gut verwahrt.

Eines Tages musste Dick in die nächste große Stadt reisen. Er ließ seine Frau bei den drei kleinen Kindern zurück und dachte bei sich: Sie hat sicher genug zu tun und wird nicht auf dem Speicher herumstöbern.

Dick hatte kaum die Haustür hinter sich geschlossen, als Frau Fitzgerald, die schöne grünhaarige Meerfrau, mit dem Frühjahrsputz begann. Sie fegte und wischte das ganze Haus von unten bis oben und machte sich schließlich auch an den Speicher

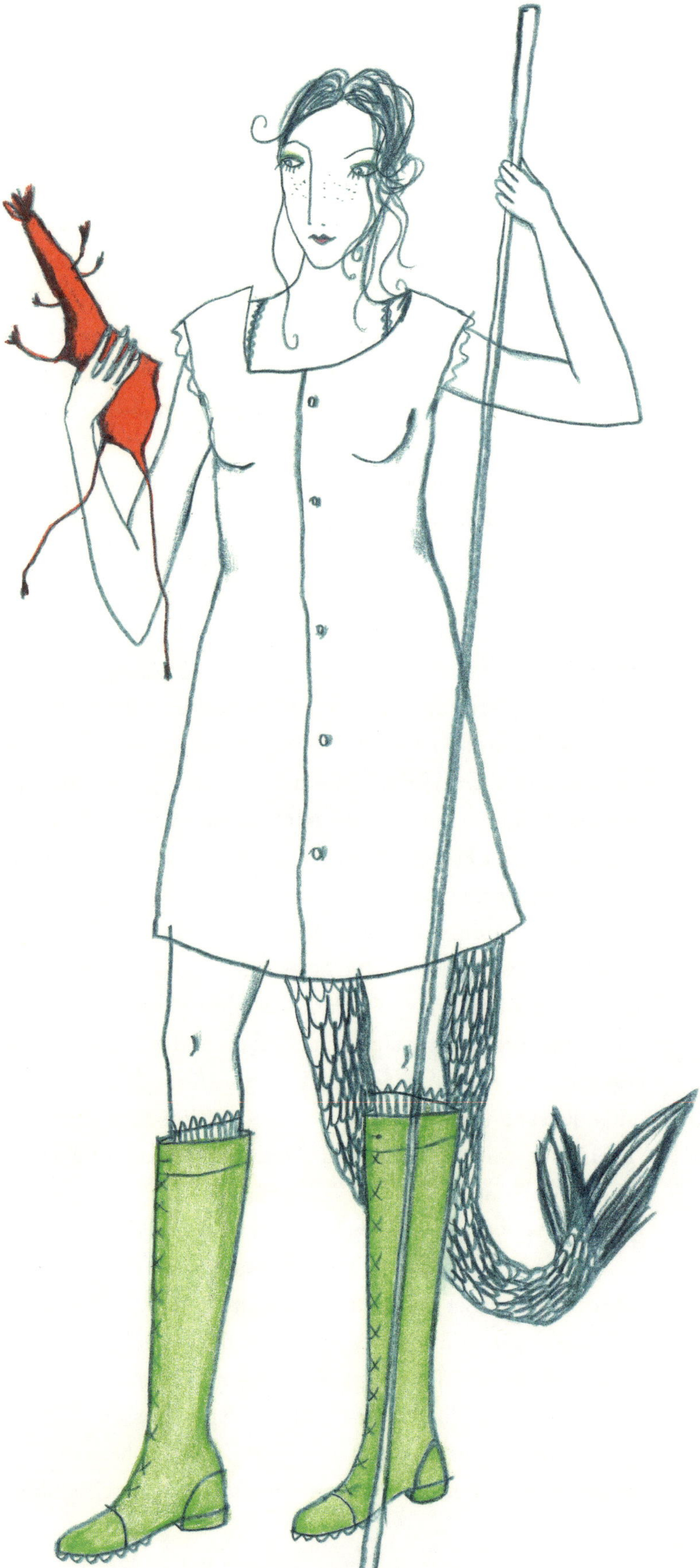

mit all seinen staubigen Ecken. Sie holte das Fischernetz und Dicks Angelgerät hervor, entdeckte dahinter ein Loch in der Wand, wollte auch dieses ausputzen und – fand ihre rote Zauberkappe. Die Meerfrau nahm sie in die Hand, schaute sie lange an, und alle Erinnerungen an ihre Kindheit und Jugend wurden wieder wach. Sie dachte an ihren Vater, den König, an ihre Mutter und an ihre Brüder und Schwestern, und sie verspürte eine große Sehnsucht, sie alle wiederzusehen. Sie dachte an all die sorglosen Tage unter dem Wasser, aber auch an ihre drei Kinder dachte sie, und an Dick, ihren Mann, und wie lieb sie ihn hatte. »Armer Dick«, sagte sie zu sich, »es würde ihm das Herz brechen, wenn er mich verlieren würde!«

So saß sie lange da und wusste nicht, was sie tun sollte.

»Er verliert mich ja nicht für immer!«, machte sie sich selbst Mut. »Ich werde zurückkommen. Wer könnte es mir verübeln, meine Eltern zu besuchen, die ich so lange nicht gesehen habe?«

Sie stand entschlossen auf, die rote Zauberkappe in ihrer Hand – doch sie kehrte noch einmal zurück und beugte sich über ihr jüngstes Kind, das in der Wiege lag und schlief. Tränen stiegen ihr in die Augen, und sie rief ihre Tochter, das älteste ihrer drei Kinder, zu sich.

»Pass gut auf deine kleinen Brüder auf«, bat sie das Mädchen, »und sei auch du ein braves Kind. Ich werde bald zurückkommen.«

Die Meerfrau ging zum Strand. Das Meer lag still und friedlich vor ihr, kleine weiße Wellen kräuselten das Wasser. Die Sonne schien. Sie horchte auf das leise Rauschen und meinte, in der Ferne ein schwaches süßes Singen zu hören. Komm, schien der Gesang zu flüstern, komm, komm zu uns unter das Wasser. Da vergaß sie alles, ihren Mann, ihre Kinder, die glücklichen Jahre auf dem Land. Sie zog sich ihre Zauberkappe über die grünen Haare und sprang ins Meer.

Als Dick nach Hause kam, war es bereits spät am Abend. Er suchte seine Frau und fand sie nicht. Er fragte Kathrin, seine Tochter, doch sie konnte ihm nicht sagen, wohin die Mutter gegangen war. Da eilte er auf den Speicher, suchte die Zauberkappe in ihrem Versteck in der Wand. Das Loch in der Wand war leer. Da wusste Dick die Wahrheit.

Jahr für Jahr wartete Dick auf seine schöne Frau aus dem Meer. Er sah sie nicht wieder. Er heiratete kein zweites Mal, denn er war überzeugt, dass nur ihr Vater, der Wasserkönig, seine Frau daran hinderte, zu ihm zurückzukommen.

»Sie hat uns nicht vergessen, mich und ihre Kinder«, sagte Dick wieder und wieder. »Sie wird zurückkommen, eines Tages, da bin ich ganz sicher.«

Eine Sage aus der Pfalz
Die drei Schwestern aus dem See

Was dem Städter im Winter Schauspiel, Oper und Ball ist, das ist dem einfachen Landvolk die vertrauliche Spinnstube. An den langen Winterabenden kommen da die Spinnerinnen zusammen, die jungen Burschen gesellen sich dazu, man singt ein fröhliches Liedchen, man scherzt, man löst Pfänder ein oder erzählt sich Märchen und Gespenstergeschichten.
So war es vor uralten Zeiten, und so ist es noch jetzt, im Süden wie im Norden.
Auch in dem Dörfchen Epfenbach bei Sinsheim in der Unterpfalz kam man von jeher so traulich zusammen und setzte sich recht dicht um den warmen Ofen herum, wenn's draußen stürmte und fror.
Aber damals traten, solange die Urgroßmutter denken konnte, drei wunderschöne weiß gekleidete Jungfrauen in den fröhlichen Kreis. Man erwartete sie jeden Abend mit Sehnsucht, und wie gute Engel nahm man die holden Schwestern auf; denn sie brachten jeden Abend ein neues Lied mit einer Melodie, ein munteres Spiel oder ein unbekanntes Märchen mit.
Jedermann liebte sie, und besonders verweilten die Blicke der jungen Burschen mit Wohlgefallen auf den schönen Gesichtern der Jungfrauen; aber eine besondere Unnahbarkeit verscheuchte jede Vertraulichkeit.
Die Schwestern brachten immer ihre eigenen Rocken und Spindeln mit, und keine der Spinnerinnen übertraf sie an Behändigkeit und ihre Fäden an Feinheit. Sobald aber die Glocke elf schlug, so packten sie ihre Rocken zusammen, und nichts in der Welt konnte sie bewegen, auch nur eine Minute länger zu bleiben. Fröhlich und eilig verschwanden sie aus dem Kreise, wie sie gekommen waren. Keine Spur verriet ihren Weg, wenn sie Gute Nacht gesagt hatten.
Niemand wagte es aber auch, ihnen nachzugehen. Man wusste nicht, woher sie kamen, man wusste nicht, wohin sie gingen; man sah sie nur in die Stube treten und wieder hinausgehen, und wenn man von ihnen sprach, so hießen sie nur die Jungfrauen aus dem See oder die drei Schwestern aus dem See.
Alle jungen Burschen des Dorfs brannten im Stillen für die wunderbaren Mädchen, aber keiner wagte es, seine Empfindungen für sie laut werden zu lassen. Schon gar nicht sollten es die Schwestern selbst merken.
Besonders tiefen Eindruck hatte ihr liebes Wesen und das Geheimnisvolle ihres Aufenthaltes auf des Schulmeisters Sohn gemacht. Ihm tat es so leid, wenn sie gingen; ihm währte immer die Zeit zu lang, bis sie wiederkamen. War erst der

Abend nahe, so dünkte ihm jede Stunde, ehe er zur Spinnstube gehen durfte, eine Ewigkeit.

Wenn sie nun hereintraten, die holden Schwestern, ach, da verstrich ihm wieder die Zeit so schnell, die Stunden verliefen wie Minuten, und immer meinte er, die alte Turmuhr tauge gar nichts, denn im Winter laufe sie täglich eine halbe Stunde vor. Aber die Jungfrauen meinten, die Uhr gehe ganz recht, und kein Bitten konnte sie bewegen, länger zu bleiben.

Lange sann der liebende Jüngling hin und her, wie er es wohl anfinge, den Anblick der Unnahbaren länger zu genießen. Endlich kam er auf den Gedanken, die Turmuhr um eine Stunde zurückzustellen, um sie zu täuschen.

Mit recht freudigem Behagen ging er nun in die Spinnstube; denn er sah ja die lieben Mädchen heute eine Stunde länger.

Sie kamen, wie gewöhnlich, und brachten ein neues Lied mit einer neuen Melodie mit, das sie die Anwesenden lehrten. Darüber wurde der längere Verzug der elften Stunde nicht bemerkt. Die Jungfrauen blieben, bis die Glocke elf schlug, und gingen also eigentlich erst um zwölf Uhr weg. Fröhlich und heiter, wie sonst, schieden sie. Darüber freute sich der gute Jüngling gar sehr und beschloss, diesen unschuldigen Betrug alle Abende zu wiederholen.

Aber er hatte sich vergebens gefreut. Als am folgenden Tage einige Leute am See vorübergingen, siehe, da hörten sie ein klägliches Gewimmer, und auf dem Spiegel des Wassers gewahrte man drei große blutige Stellen, die jedoch niemand zu deuten wusste.

Des Schulmeisters Sohn hatte nichts davon erfahren. Er ging zur gewöhnlichen Zeit in die Spinnstube, hatte auch wieder die Turmuhr zurückgestellt, aber – man wartete vergebens. Sie kamen nicht und sind auch niemals wieder gekommen, die drei Schwestern.

Bald sagte dem trauernden Jüngling eine leise Ahnung, dass er die Ursache ihres Verschwindens sei; dass wohl sein unschuldiger Betrug ihren Lebensfaden zerrissen habe. Und das quälte und nagte ihm an der Seele. Er schlich umher, ward bleich und krank, suchte Ruhe und – fand sie im Grabe.

12

9

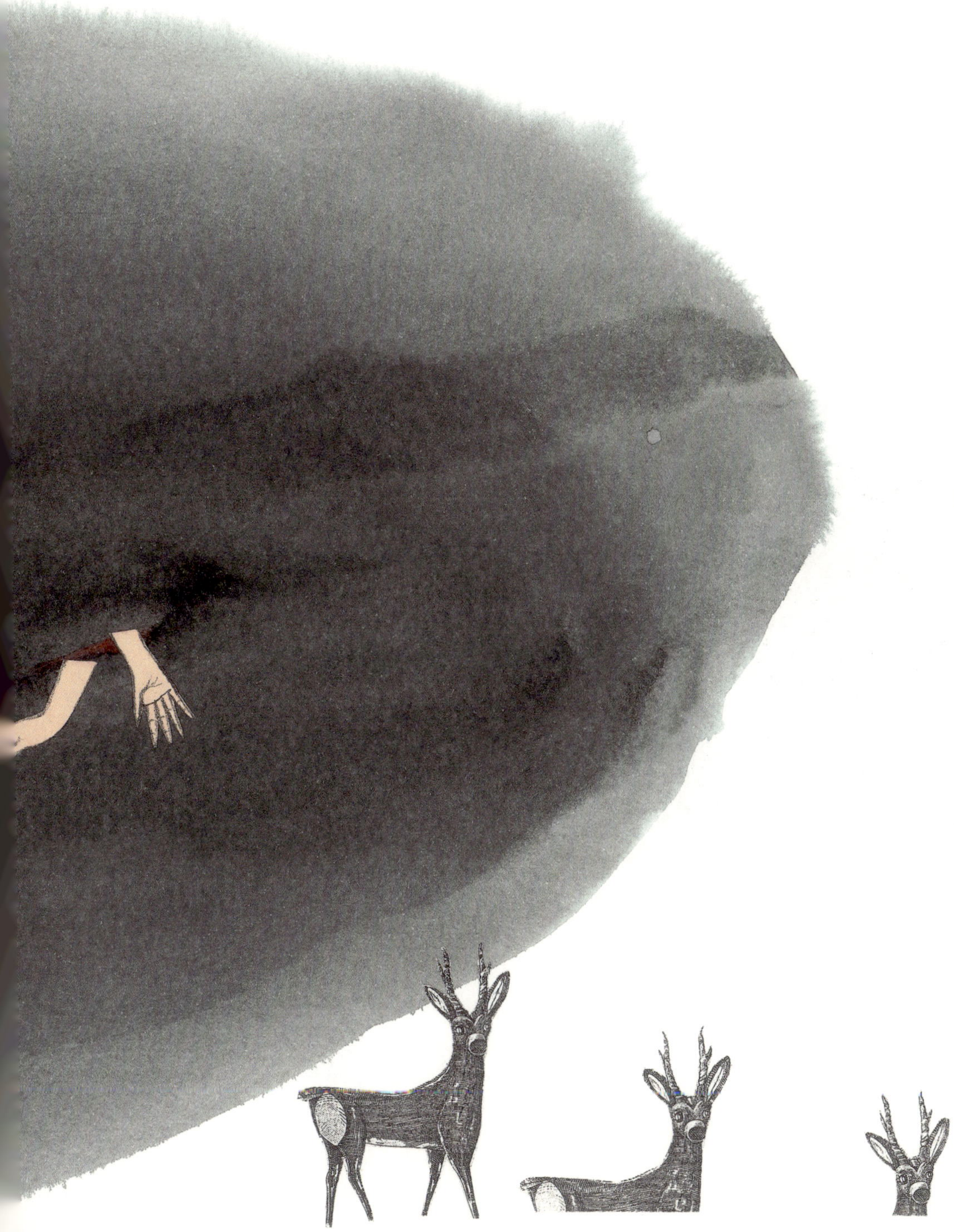

Eduard Mörike (1804–1875)
Die Geister am Mummelsee

Vom Berge was kommt dort um Mitternacht spät
mit Fackeln so prächtig herunter?
Ob das wohl zum Tanze, zum Feste noch geht?
Mir klingen die Lieder so munter.
    O nein!
So sage, was mag es wohl sein?

Das, was du da siehest, ist Totengeleit,
und was du da hörest, sind Klagen.
Dem König, dem Zauberer, gilt es zu Leid,
sie bringen ihn wieder getragen.
      O weh!
So sind es die Geister vom See!

Sie schweben herunter ins Mummelseetal –
sie haben den See schon betreten –
sie rühren und netzen den Fuß nicht einmal –
sie schwirren in leisen Gebeten.
      O schau!
Am Sarge die glänzende Frau!

Jetzt öffnet der See das grünspiegelnde Tor;
gib acht, nun tauchen sie nieder!
Es schwankt eine lebende Treppe hervor,
und – drunten schon summen die Lieder.
      Hörst du?
Sie singen ihn unten zur Ruh.

Die Wasser, wie lieblich sie brennen und glühn!
Sie spielen in grünendem Feuer;
es geistern die Nebel am Ufer dahin,
zum Meere verzieht sich der Weiher.
      Nur still!
Ob dort sich nichts rühren will?

Es zuckt in der Mitten – o Himmel, ach hilf!
Nun kommen sie wieder, sie kommen!
Es orgelt im Rohr, und es klirret im Schilf;
nur hurtig, die Flucht nur genommen!
      Davon!
Sie wittern, sie haschen mich schon!

Peter Hacks (1928–2003)
Der Fährmann von Mautern

Hol über! rufen die Reisenden,
Wenn sie wollen gefahren sein
Von der Stadt Stein nach Mautern*
Oder von Mautern nach Stein.

Dann kommt der alte Fährmann
Und setzt sie über den Fluß,
Den Reiter, den Kaufmann, jeden,
Der zahlt und weiter muß.

Und wieder schallts: Hol über!
Eines Tags von der Steiner Seit.
Und wie der Fährmann hinschaut,
Da ists ein Fisch, der schreit.

Ein Fisch mit runden Augen
Und steht am Landesteg
Und wartet in der Sonne,
Daß die Fähre anleg.

Heiliger Christophorus!
Der Fährmann sprichts voll Grimm,
Und spricht: Ein Fisch hat Flossen,
Wer Flossen hat, der schwimm.

Das wurd noch nie gehöret,
Daß ein Fisch Fähre fuhr,
Das duld ich nicht, das leid ich nicht,
Das kränket die Natur.

Ich will meine Zähne verlieren
Und alle Haare dazu,
Und wegsterben solln mir die Hände,
Wenn ich das tu.

Der Fisch spuckt auf die Bank
Aus seinen Kiemenfalten
Einen Berg von Talern,
Teils jahrhundertalten.

Die hatte er gesammelt
Flußauf, flußab auf dem Grund
In Kreuzern und Hellern und Pfennigen
Und eingewechselt zu Passau.

Anblickt der Fährmann die Taler.
Der Fisch steigt auf das Floß.
Einsteckt der Fährmann die Taler
Und macht los.

Und stakt in des Flusses Silber
Hinein mit nervigem Arm,
Und der Fisch läßt sich bescheinen
Von der Sonne warm.

Und klatscht mit dem Schwanze
Vor Fröhlichkeit,
Bis sie beide aufstoßen
Auf der Mauterner Seit.

* Mautern und Stein liegen sich in Österreich
an den Donau-Ufern gegenüber.

Da geht der Fisch von der Fähre,
Da steht er oben am Damm
Und springt ins Wasser und schwimmt zurück
Dorthin, wo er her kam.

Dem Fährmann stockt der Atem.
Bleich wird sein Gesicht.
Sein weißer Bart war weißer
Als sein Antlitz nicht.

Er wendet sich vom Flusse
Und legt sich zu Bette, und stumm
Dreht er nach vier Tagen
Zur schattigen Wand sich um.

Die Fähre zu übernehmen,
Wollt kein andrer Fährmann sich traun.
Sie mußten von Stein nach Mautern
Eine teure Brücke baun.

Das Meer spring

aus der Badewanne

Josef Guggenmos (1922–2003)
Das Fischlein

Weißt du, was das Fischlein im Weiher macht,
wenn es Langeweile hat?
Es steht ganz still
im Wasser.
Und nun gib acht!

Es bläst ein Bläslein aus seinem Mund.
Das trudelt nach oben,
kugelrund,
erst langsam,
dann schneller,
und platzt.

Dann aber schickt das Fischlein
drei, vier und mehr
silberne Bläslein
dahinter her.
Die trudeln geschwind,
wer das erste sei,
bis sie oben sind.

So macht es das Fischlein am Weiher.
Du meinst, das sei ein seltsamer Brauch?
Aber wenn du ein Fischlein wärst –
du tätest es auch.

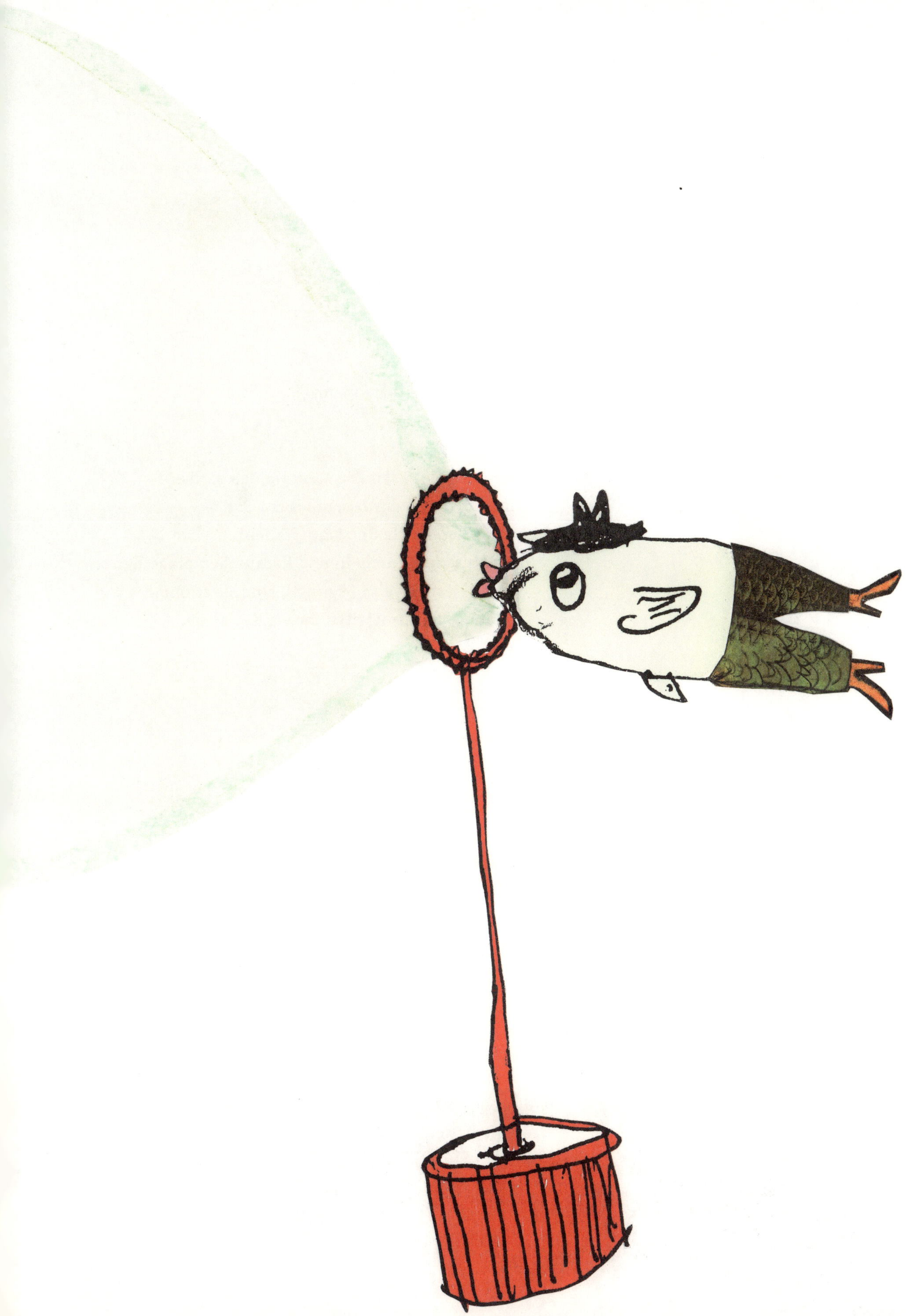

fertsch!!

Mascha Kaléko (1907–1975)
Die Fische

Wenn Fische reden könnten! Na, ich danke:
Man hörte von der Donau bis zur Panke
Statt Meeresstille und statt Wellenrauschen
Nur Muscheln tuscheln und Karauschen plauschen …
Jedoch (welch weise Fügung!), sind sie stumm.
– Was die Natur betrifft: die weiß, warum.

Heinrich Hannover (1925)
Der stumme Fisch

Es war einmal ein kleiner Fisch, der war stumm. Da kam ein großer Walfisch angeschwommen und fragte ihn:
»Wo geht es nach Norwegen?«
Da nickte der kleine Fisch dreimal, denn er konnte ja nicht sprechen.
»Geht es dort entlang?«, fragte der Walfisch.
Der kleine Fisch nickte dreimal.
»Stimmt das auch?«
Der kleine Fisch nickte dreimal.
»Wie lange schwimme ich wohl bis Norwegen?«
Der kleine Fisch nickte dreimal.
»Drei Stunden?«
Der kleine Fisch nickte dreimal.
»Oder drei Tage?«
Der kleine Fisch nickte dreimal.
»Wenn's nicht stimmt, komme ich wieder und fresse dich auf!«
Der kleine Fisch nickte dreimal.
»Oder soll ich dich gleich fressen?«
Da schüttelte der kleine Fisch den Kopf, und der große Walfisch schwamm davon. Er war nicht in drei Stunden in Norwegen und nicht in drei Tagen, sondern er hat drei Wochen gebraucht. Ob er da wohl gleich wieder umgekehrt ist, um den kleinen Fisch aufzufressen?
Ich glaube, der kleine Fisch braucht keine Angst zu haben, dass ihn der große Walfisch wiederfindet im großen, großen Meer.

Gerd Bauer (1957)
Der Frosch

Der Frosch, der Frosch, der schwimmt nicht schlecht
und liebt das Wasser sehr.
Doch weiter unten schwimmt ein Hecht,
der liebt die Frösche sehr.

Wolfgang Buschmann (1943)
Fliegende Fische

Haben fliegende Fische
auch fliegende Tische?
»Natürlich«, spricht Herr Jessen.
»Wie sollten sie sonst essen?«

Michael Ende (1929–1995)
Standpunkte

Die Kaulquappe schwänzelt im Teich herum
und weiß alles besser.
Vor allem die Frösche findet sie dumm,
die Fliegenfresser.

»Wenn ich seh, wie sie hopsen, da kann ich nur lachen.
An Land ist es öde.
Und wenn sie verliebt sind und Quellaugen machen!
Mir wär das zu blöde.

Das Komischste find ich im Chor zu koaxen.
Da bin ich gescheiter.«
»Auch dir«, sprach der Frosch, »werden Beine wachsen,
dann reden wir weiter.«

Jürg Schubiger (1936)
Meerschnecken zum Beispiel

Es gibt Meerforellen, Meerhechte, Meerschildkröten, Meeraale, Meerechsen. Die Meerjungfrauen leben im Märchen, das für sie ein Meerchen ist. Die Meerengel sind dunkel gefleckte Haie. Ihre breiten Brustflossen sehen aus wie Flügel. Sie sind ziemlich selten. Meerschnecken kommen häufiger vor.
Die Häuser der Meerschnecken sind fester als die der Landschnecken, aber ebenso eng. Die Tiere füllen ihre Wohnungen aus wie Konserven eine Büchse. Kein Stuhl hat darin Platz, auf den die Schnecken sich setzen, kein Bett, auf das sie sich hinlegen könnten.
Darum wissen sie auch nie ganz sicher zu sagen, ob sie sitzen oder ob sie liegen. Es fragt sie auch niemand danach.
Bei sich zu Hause fühlen die Schnecken sich nicht allein, sondern sicher. Wenn sie Freunde treffen wollen, müssen sie das im Freien tun.
Die Schnecken können nicht ausgehen am Freitagabend und spät nach Hause kommen. Sie können nicht in die Ferien fahren, können sich nicht einmal am Kiosk eine Zeitung holen, ohne ihr Haus mitzunehmen. Sie wissen nicht, wie es ist, ohne Gepäck zu leben. Die Meerkatzen kommen in Wäldern vor, die Meerschweinchen in Kinderzimmern, die Meerrettiche in Gärten und Läden. Im Meer, wo sie eigentlich hingehören, gibt es sie nicht. Was für eine Einrichtung!

Es gibt Seehunde, Seehundfelle, Seehundjäger, Seemöwen, Seeschlangen, Seesterne, Seeigel, Seezungen, Seegurken, Seeanemonen, Seeräuber, Seepferdchen und Seegras, Seegras, Seegras.

Meerengel

Kurt Schwitters (1887–1948)
Kleines Gedicht für große Stotterer

Ein Fischge, Fisch, ein Fefefefefischgerippe
Lag auf der auf, lag auf der Klippe.
Wie kam es, kam, wie kam, wie kam es
Dahin, dahin, dahin?

Das Meer hat Meer, das Meer, das hat es
Dahin, dahin, dahingespület,
Da lllllliegt es, liegt, da lllllliegt, llliegt es
Sehr gut, sogar sehr gut!

Da kam ein Fisch, ein Fefefefefisch, ein Fefefefefefe-fefefefefefe-
     (schriller Pfiff) feFe feFe feFe feFefischer,
Der frischte, fischte frische Fische.
Der nahm es, nahm, der nahm, der nahm es
Hinweg, der nahm es weg.

Nun lllllliegt die, liegt, nun llliegt die Klippe
Ganz o o o ohne Fischge Fischgerippe
Im weiten, weit, im We Weltenmeere
So nackt, so fufu furchtbar nackt.

Peter Hacks (1928–2003)
Geschichte von der Nixe im Bade

Onkel Titus verstand das Basteln besser als irgendein anderer Onkel, den es gab, aber die neue Wasserleitung war sein Meisterstück. Sie führte direkt aus dem Fluß zum Badezimmer.

Henriette durfte als erste mit dem neuen Wasser baden, weil es in dieser Frage nicht nach dem Alter geht, sondern danach, wer es am nötigsten hat. Sie ließ die Dusche laufen, und nicht lange, da steckte eine Nixe den Kopf aus der Brause und floß immer weiter heraus. Henriette drehte ganz erschrocken den Hahn ab, aber die Nixe sagte: »Du kannst mich doch nicht so steckenlassen, es ist furchtbar unbequem so mit dem Kopf nach unten.« Da drehte Henriette den Hahn wieder anders herum.

Die Nixe plumpste in die Wanne, und da war sie. Sie war eine entzückende Nixe, oben rosa und unten silbergrün und mit hübschen braunen kurzen Locken. Um den Hals trug sie eine Schnur von sanftweißen Perlen, wie sich das so schickt.

»Aber!«, rief Henriette. »Wie ist denn das möglich? Durch die Brause?«

»Das kommt«, sagte die Nixe und wedelte freundlich mit dem Schwanze, »weil die Leitung direkt zum Fluß geht.«

Henriette rannte zu Onkel Titus, der eben dabei war, einen Regenschirm mit Guckloch zu basteln, damit man, ohne naß zu werden, nach dem Wetter sehen könne, und rief: »Schau nur einmal ins Badezimmer hinein, du wirst dich wundern!«

»Ich mich wundern?«, fragte Onkel Titus. Er ging ins Badezimmer, wo die Nixe in der Wanne saß und laut sang. Der Onkel war sehr erstaunt. »Tatsächlich!«, rief er. »Das ist kaum zu glauben: Der Hahn tropft. Ich muß ihn zu locker angeschraubt haben.«

»Nein«, sagte Henriette, »ich meine, daß eine Nixe da ist.«

»Ach so«, sagte der Onkel, »aber das kommt, weil die Leitung direkt zum Fluß geht.«

»Sie haben eine wunderschöne Akustik hier«, sagte die Nixe. Das sollte heißen, daß ihr Singen hier viel lieblicher klänge als irgendwo anders in der Welt. »Ich fühle mich hier sehr wohl.«

So blieb die Nixe, die Gisellis hieß, bei Henriette und Onkel Titus, und am Abend gab sie ein Konzert, bei dem der Mond in die Badewanne schien, während der Onkel auf dem Waschbecken hockte und sie auf der Geige begleitete.

Am nächsten Tag erzählte Frau Philipp, der die untere Wohnung gehörte, Onkel Titus, daß es bei ihr durch die Decke tropfe, und was an dieser Pantscherei schuld sei?

»Nix«, sagte der Onkel. Er konnte Frau Philipp nicht leiden.

»Eine Nixe!«, rief Frau Philipp. »Das habe ich mir gedacht wegen dem ewigen Wagalaweia.« Sie trabte hinauf ins Badezimmer und fragte die Nixe Gisellis, die eben mit dem Thermometer Kapitänin spielte: »Woher kommen Sie denn?«

»Aus der Brause«, erklärte Henriette, »weil die Leitung direkt zum Fluß geht.«

»Können Sie da nicht wieder zurück?«, fragte Frau Philipp.

»Öh«, machte die Nixe erstaunt, »durch die kleinen Löcher?«

Nun zog Frau Philipp den Stöpsel aus dem Abflußrohr. Die Nixe wurde sehr böse und nahm ihn ihr aus der Hand und tat ihn wieder hinein. Aber alle hörten, wie aus dem Rohr absonderliche Stimmen ertönten, die riefen: »Gisellis! Gisellis!« Da fing die Nixe an zu weinen und sagte: »An keinem Ort singt es sich so schön wie in einem Badezimmer. Was habe ich Ihnen denn getan, daß Sie mich vertreiben wollen?«

Aber Frau Philipp ließ nicht ab, Onkel Titus wegen der Nixe zu behelligen. »Der Fisch muß aus dem Haus«, sagte sie und zeigte ihm die vielen Eimer, die sie überall aufgestellt hatte, wo es tropfte. Den Onkel störte die Nixe inzwischen auch etwas, weil er es nicht leiden konnte, wenn ihm jemand beim Zähneputzen zusah.

Sie beschlossen, die Nixe Gisellis in einem Waschfaß zum Fluß zu tragen. Aber als sie das Faß ins Badezimmer brachten und Frau Philipp die Nixe hineinheben wollte, schüttete die ihr mit dem Schwanz einen Guß Wasser ins Gesicht, daß sie dastand wie ein Schaf, das in den Brunnen gefallen ist. Sie wollte sagen: »Unverschämtheit!« – aber weil sie den Mund voll Wasser hatte, sagte sie nur »Un-blubs.«

»Helfen Sie mir doch«, sagte sie zu Onkel Titus. Der ging erst und band sich eine Gummischürze vor. Dann versuchten sie, die Nixe zu erwischen, aber die rutschte ihnen immer durch die Finger. Dann trat der Onkel auf ein Stück Seife, fiel gegen Frau Philipp und schubste sie in das Waschfaß.

»Sie begreifen auch gar nichts«, sagte Frau Philipp, »hier hinein sollte ja die Nixe. Jetzt muß ich doch den Hauswirt bemühen.« Sie kletterte heraus und schwamm die Treppe hinunter. Henriette war sehr glücklich, daß die Nixe nicht in den Fluß mußte, und diese sang den ganzen Tag mehr und süßer als je: von der Weichheit des Wassers nach einem linden Regenfall und von seiner Farbe, wenn das Abendrot es erleuchtet.

Am anderen Morgen läutete es an der Tür, und ein gelber Greis mit einem breiten Maul und einem Kropf stand da und sagte: »Ich bin der Installateur Nöckl. Ich muß mal ins Badezimmer.«

»Bastle selbst«, sagte Onkel Titus empört, aber der Installateur quakte: »Quatsch!«, und ging hinein. Von innen riegelte er zu.

»Hoho!«, rief Onkel Titus. »Es ist nicht erlaubt, fremde Türen abzuriegeln!« Und er klopfte, und als er genug geklopft hatte, drückte er gegen die Tür, bis der Riegel aufsprang. Da war das Badezimmer leer. Der Installateur Nöckl war verschwunden, und die Nixe Gisellis war auch weg. Nur in der Seifenschale fand Henriette eine lange schimmernde Schnur sanftweißer Perlen.

»Das war ein wunderbares Erlebnis«, sagte Henriette zu Frau Philipp, mit der sie in ein Gespräch kommen wollte, damit sie die Perlen bewundere, die sie trug.

»Ja«, sagte Frau Philipp, »wenn du so etwas noch mal erlebst, dann kannst du etwas erleben.«

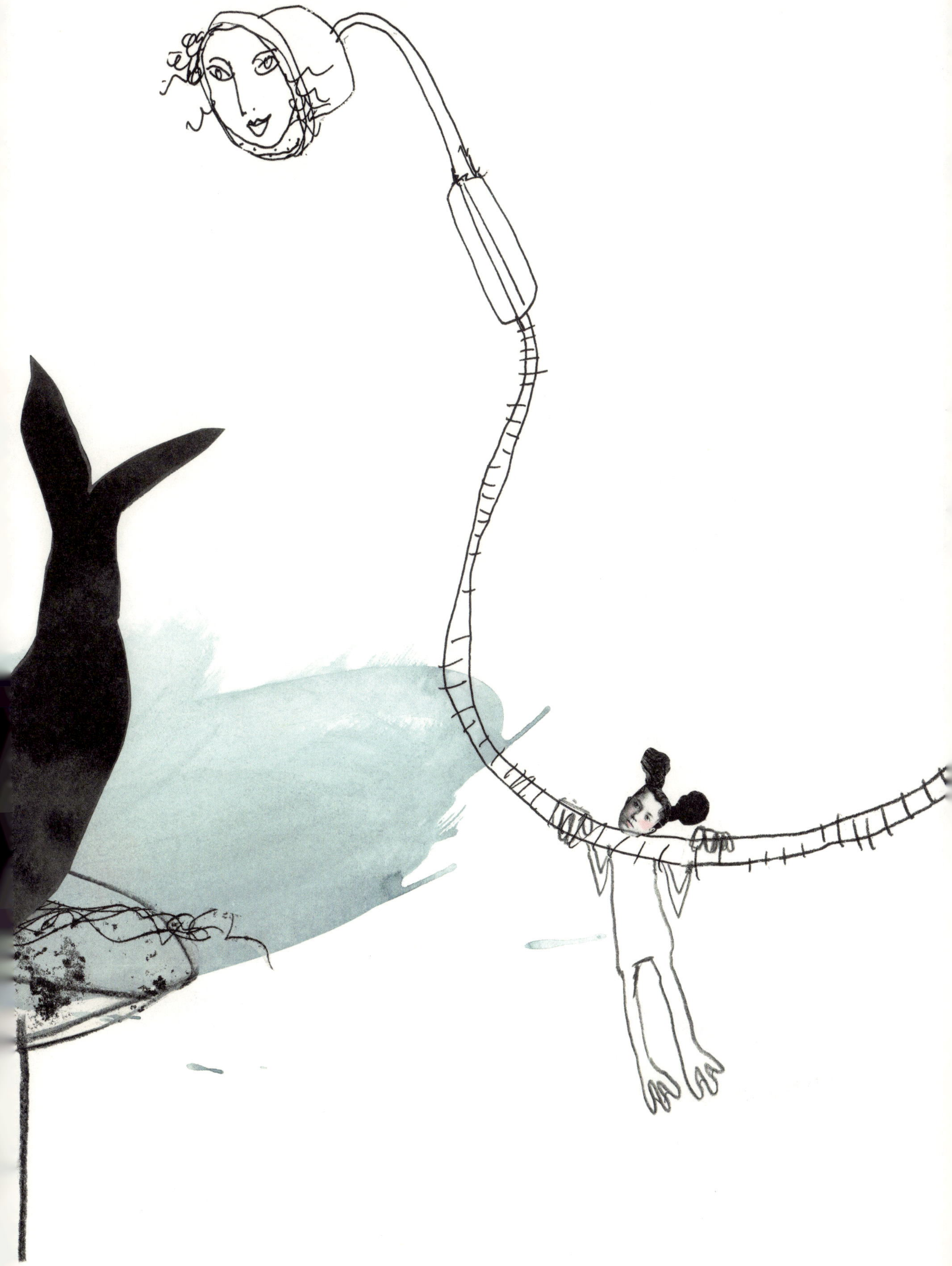

Max Barthel (1893–1975)
Muscheln

Zwei Muscheln lagen am Strande
und redeten hin und her
von dem, was Muscheln so reden,
von ihrer Heimat, dem Meer,
von ihrer Heimat, dem Meer.

Sie konnten die Fische verstehen,
die Muscheln waren nicht dumm,
sie sprachen mit Seehund und Seestern,
für Menschen blieben sie stumm –
ja, für uns blieben sie stumm.

Sie sprachen von Flut und von Ebbe
und manchem gefährlichen Riff,
sie kannten auch viele Matrosen
und manches gesunkene Schiff,
ja, manches gesunkene Schiff.

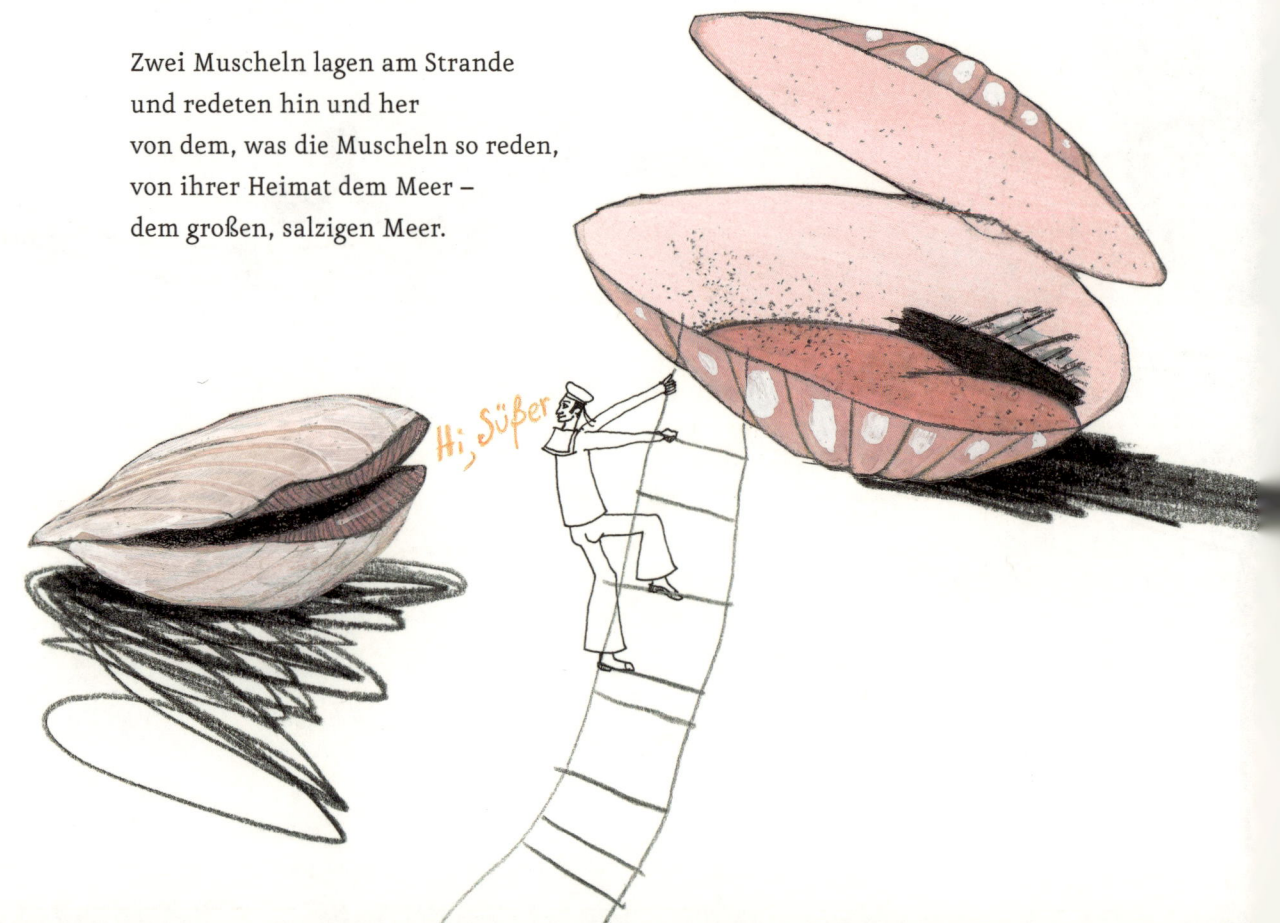

Zwei Muscheln lagen am Strande
und redeten hin und her
von dem, was die Muscheln so reden,
von ihrer Heimat dem Meer –
dem großen, salzigen Meer.

Hi, Süßer

Dieter Mucke (1936)
Vermutung

Ich glaube, auch den Fischen
Ist eine Sprache eigen
Und wenn sie reden, lassen
Sie viele Blasen steigen.

Doch, ob sie denken, kann man
Daraus noch nicht ersehen
Weil bei dem Denken Blasen
Viel seltener entstehen.

Wolfgang Buschmann (1943)
Die Meerkuh

Ich war einmal am Meeresstrand,
da stieg die Meerkuh früh an Land.

Sie fraß das blaue Meeresgras
und trank dazu, ich weiß nicht was.

Doch dann zur Meeresmitterstund
sank sie hinab zum Meeresgrund.

Sie deckte sich mit Muscheln zu
und sprach: »Ich halte Meeresruh.«

Gustav Falke (1853–1916)
Närrischer Traum

Heute Nacht träumte mir, ich sei
der Mond im Meer.
Die Fische alle glotzten und standen
im Kreis umher.
So lag ich seit Jahren,
sah über mir hoch die Schiffe fahren
und dacht, wenn jetzt wer über Bord sich biegt
und sieht, wer hier liegt
zwischen Schollen und Flundern,
wie wird der sich wundern!

Heinz Janisch (1960)
Das Meer sprang aus der Badewanne

Das Meer sprang aus der Badewanne,
föhnte sich sein Wellenhaar
und ging spazieren.

»Heeh«, rief der Strand.
»Du bist ja nackt!
Dein Bademantel!«

Zu spät.
Das Meer war schon
um die Ecke gebogen.

»Wird das wieder ein Geschrei geben
in Lützlbrunn«,
sagte der Strand
und seufzte.

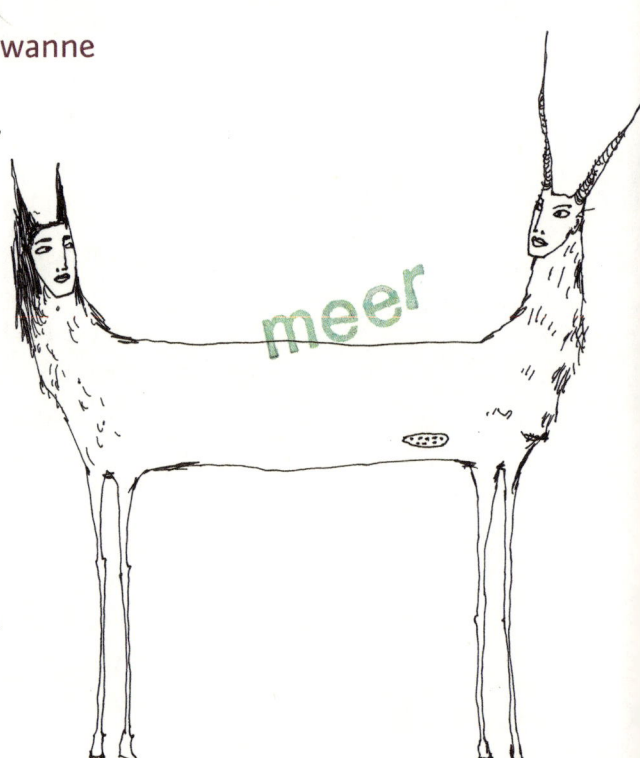

Robert Gernhardt (1937–2006)
Wie kann man übers Wasser laufen,
ohne sofort abzusaufen?
So:

Nimm Primelfett und Puddingkraut,
zwei Kilo feinste Fliegenhaut,
drei Liter Gold und Himbeertran,
ein Walfischhaar und einen Zahn
von einer Hummel und tu das
zusammen in ein Silberglas.
Das Ganze lass nun fünf, sechs Wochen
auf kleingestellter Flamme kochen,
wobei man ständig schreien muss.
Sodann gieß alles in den Fluss,
den Bach, den Tümpel oder Teich,
auf dem du gehn willst, und sogleich
trägt dich das Wasser wie ein Brett.
So weit, so gut. Ach ja, ich hätt'
fast ganz vergessen zu betonen,
dass all die Mühen sich kaum lohnen,
wenn man zum Beispiel schwimmen kann.
Du kannst nicht schwimmen? Dann mal ran!

Leichte Brisen, schwere Stürme und eine Prise Mut

Ja Hades

Prof. ...

"Hades"

...fälle für die Entwort...

www.ia...

Galvani...

monatsheft...

-metall

Karl →

James Krüss (1926–1997)
Die Geschichte von Jan Janssen und der schönen Lady Violet

Jan Janssen war zu seiner Zeit der Wetterfrosch der Insel Helgoland. Kein Sturm, den er nicht voraussagte, keine Trockenheit, die er nicht angekündigt hätte. Er kannte die Gesetze des Himmels und des Meeres, und er kannte ihre Launen. Die Schiffer holten sich Rat bei ihm, ehe sie ausfuhren. Die Fischer berieten sich mit ihm, wenn die Heringsschwärme ausblieben oder wenn die Hummer aus unbegreiflichen Gründen die Felsgründe verließen, auf denen sie seit Jahrzehnten gehaust hatten.

Nun war Jan Janssen ein kleiner Mann, dessen Ängstlichkeit sprichwörtlich geworden war. Wenn jemandem der Mut fehlte, irgendetwas zu tun, sagte man: »Benimm dich nicht wie Jan Janssen!«

Jan hatte vor den Hunden ebensolche Angst wie vor Katzen und Mäusen; er fürchtete den englischen Gouverneur* der Insel ebenso wie den Apotheker, der ihn zu verspotten pflegte. Er fürchtete sich auch im Dunkeln und zitterte, wenn er ausnahmsweise einmal bei rauer See mit hinaus zum Fischfang fuhr. Jan Janssen hatte, kurzum, ein Hasenherz.

Sein genaues Gegenteil war damals die schöne Lady Violet aus London, die Schwester des englischen Gouverneurs, die auf der Insel bei ihrem Bruder lebte. Jan Janssen verehrte sie insgeheim, weil sie genau das besaß, was ihm mangelte: einen Mut, der an Tollkühnheit grenzte. Sie hatte das Gesicht eines Engels, aber das Herz eines Löwen.

Eines Tages sah Jan vom Felsrand des Oberlandes aus, dass Lady Violet aufs Meer hinausruderte, obwohl das Warnungszeichen für Sturm, ein schwarzer Ball, am Mast der Brücke aufgezogen war. Für Jan Janssen hätte es dieser Warnung gar nicht bedurft. Für ihn standen in den Wolken wie im Wasser längst alle Zeichen auf Sturm. Deshalb schüttelte er besorgt den Kopf über die hinausrudernde Lady. Er schwenkte sogar die Arme in der Hoffnung, sie würde ihn sehen und sich warnen lassen. Aber sie sah den winkenden Jan nicht. Mit kräftigen Schlägen stieß sie das Boot vorwärts, immer weiter hinaus.

»Wenn sie nicht so verdammt geschickt wäre, würde ich keinen Pfifferling mehr für ihr Leben geben«, murmelte Jan. »Das geht nicht gut.« Er seufzte und ging heim, um sich einen Tee zu machen.

Eine Stunde später aber trieb es ihn voller Unruhe wieder hinaus, um nach der Lady zu sehen. Sie war nur noch ein kleiner schwarzer Punkt weit draußen im Wasser, und der Sturm, das wusste Jan, stand unmittelbar bevor. Immerhin konnte er durch das Fernglas erkennen, dass die Lady das Boot schon gewendet hatte und wieder der Insel zuruderte. »Aber was nützt das?«, murmelte er. »Der Sturm ist zu nah und Lady Violet zu weit draußen.«

Er hatte noch nicht ausgesprochen, als vom Meer her die ersten Windstöße kamen und bald darauf die ersten Tropfen. Jan wusste, dass sich ein Sturm ankündigte, wie ihn die Insel selten erlebt hatte.

Er rannte nach Haus, zog sich Gummistiefel und Ölzeug an, stülpte sich den Südwester über den Kopf, verknotete ihn unter dem Kinn und stapfte hinunter zur Brücke im Unterland.

Auf der Treppe, die am Felsrand nach unten führte, musste Jan sich mehrere Male ans Geländer klammern, weil der Sturm ihn umzuwerfen drohte. Der Regen wurde dichter, und über dem Meer gingen die ersten Blitze nieder.

Als Jan endlich die Brücke erreicht hatte, sah er, dass man das Rettungsboot klarmachte. Er sah auch, dass die Fischer schon mit Geld würfelten, um auszulosen, wer ausfahren müsse.

Das ist Wahnsinn, dachte Jan. Sechs Leute setzen ihr Leben aufs Spiel für eine Frau, die ein viel besseres Boot hat und die geschickter ist als alle sechs zusammen.

Seine sprichwörtliche Ängstlichkeit hielt ihn davon ab, seine Gedanken laut werden zu lassen. Aber als sein eigener Sohn mitwürfelte, da packte den kleinen Mann plötzlich der Zorn. Er trat zu den Männern, die im winterlich kahlen Musikpavillon standen, und rief: »Es hat keinen Sinn auszufahren, Leute! Das wird ein Sturm, wie er in hundert Jahren nur einmal vorkommt. Den übersteht das Boot der Lady leichter als euer schwerer Kahn. Es ist Wahnsinn, auszufahren!«

»Wir müssen tun, was wir können, Vater«, sagte Jan Janssens Sohn Broder. »Es ist unsere Pflicht, eine Rettung wenigstens zu versuchen.«

»Niemand hat die Pflicht, sich selbst umzubringen, Junge! Schaut euch das Meer an. Das ist erst der Anfang. Kentert ihr, gibt es sechs Leichen. Kentert die Lady, gibt es nur eine.«

Ein Fischer schob Jan Janssen einfach zur Seite. »Weg, Alter! Davon verstehst du nichts. Wir fahren aus. Und Broder fährt mit.«

Jetzt war Jan Janssen nicht wiederzuerkennen. Er packte seinen Sohn am Ölzeug und sagte ruhig, aber totenblass: »Du bist noch nicht einundzwanzig. Ich verbiete dir mitzufahren. Ich habe nur einen Sohn.«

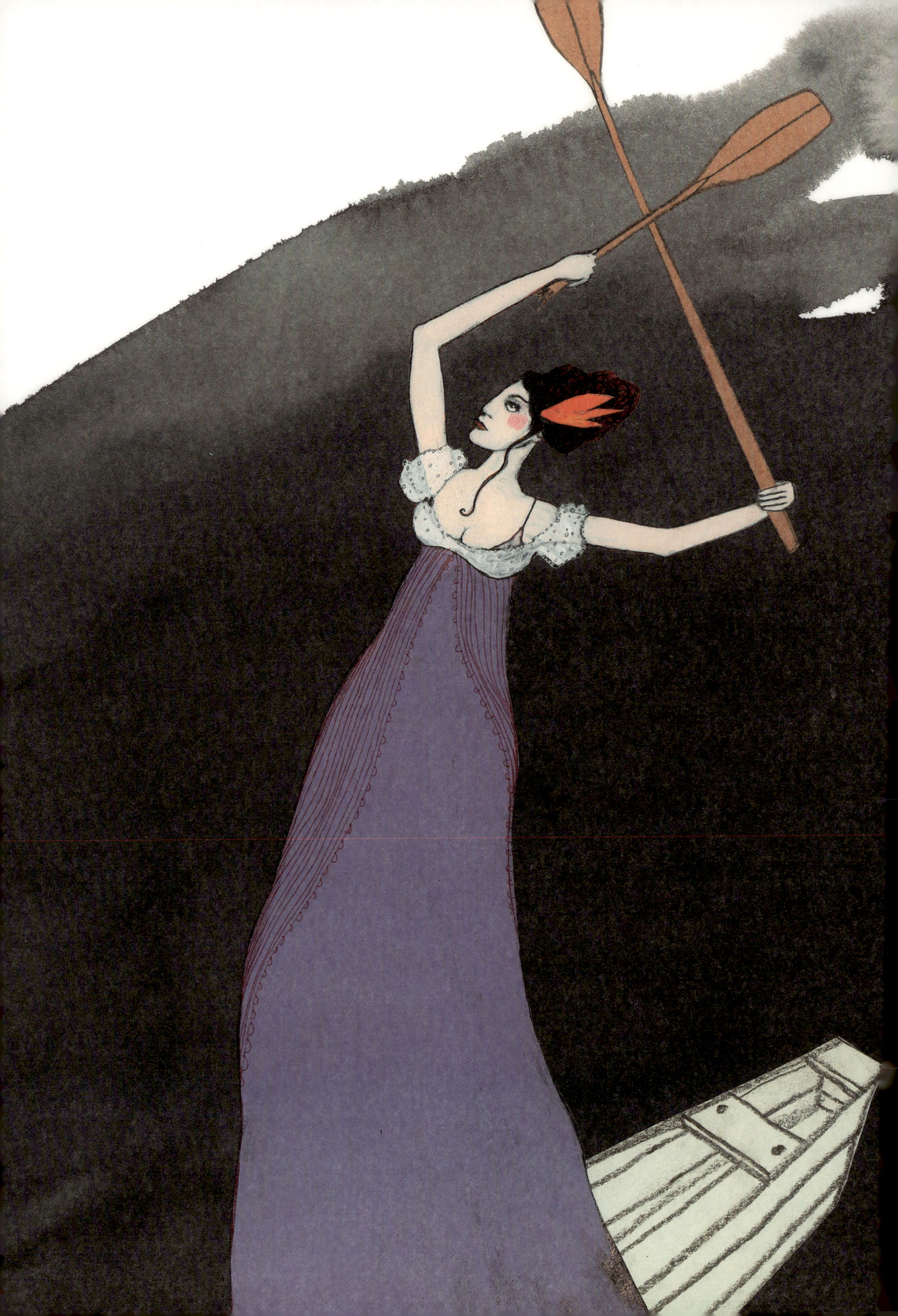

»Wenn du mir verbietest mitzufahren, bin ich dein Sohn nicht mehr«, sagte Broder. Auch er war blass.

»Verachte mich, wenn du willst, Junge, aber bleib leben!«, sagte Jan. »Ich verbiete dir vor allen Anwesenden, mit auszufahren. Das Gesetz ist auf meiner Seite.« Er ließ den Jungen los und ging in Sturm und Regen hinaus auf die Brücke.

Die Männer im Pavillon sahen sich an. So kannten sie Jan Janssen nicht. Sie hielten ihn jetzt erst recht für einen Feigling, aber sie respektierten sein Verbot. Es wurde tatsächlich für Broder ein anderer Fischer ausgelost, und der Junge musste, Zorn auf den Vater im Herzen, an Land bleiben.

Als das Rettungsboot ausfuhr – es hatten sich inzwischen eine Menge Insulaner an der Brücke eingefunden –, tobte das Meer wie selten. Die ersten Brecher schlugen schon über die Brücke. Himmel und Wasser flossen ineinander. Dass das Rettungsboot überhaupt ablegen konnte, war mehr einem Wunder als seemännischer Tüchtigkeit zuzuschreiben. Man sah es bald nur noch, wenn eine besonders hohe Welle es hochhob.

Bei den Insulanern an der Brücke, die den Rettern zusahen, mischten sich in den Herzen und in den Gesprächen Angst und Stolz: Angst um das Leben der Ruderer, Stolz auf ihren Mut. Für Jan Janssen, der seinem Sohn verboten hatte, mit auszufahren, hatte man nichts als Verachtung übrig.

Das Unwetter raste immer wilder. Die Zuschauer mussten sich in die Häuser zurückziehen, weil das Meer ständig höher stieg und das Wasser schon in die ersten Keller lief. Alle Insulaner waren jetzt in Bewegung. Vom Oberland aus beobachtete man das Meer mit Fernrohren. Aber der dichte Regenschleier behinderte die Sicht. Manchmal meinte einer, das Boot ausgemacht zu haben; aber dann war es nichts als der dunkle Streif einer Wellenwand.

Bald kam die Dunkelheit dazu. Gaslaternen und Öllampen wurden angezündet. Die Menge bei der Brücke wurde immer schweigsamer.

Aber dann, plötzlich, schrie man wie aus einem Munde: »Sie kommen!« Ein Boot wurde mit einem Male nahe der Brücke sichtbar. Eine Welle hob es, danach versank es wieder.

»Es kommt nicht heran! Wir müssen Rettungsringe auswerfen!«, rief jemand. In diesem Augenblick sah man auf einem Wellenkamm undeutlich, aber mit Sicherheit, das Boot wieder. Es war zum Greifen nah, und dann schoss es mitten im Schaum den überschwemmten Strand hinauf. Ehe die zurückrollende Welle auch das Boot mit sich zog, sah man eine Gestalt über Bord springen. Als die nächste große Welle kam, wurde die Gestalt landeinwärts mitgeschleift.

Zwei Männer wagten sich ins Wasser vor; aber ehe sie zupacken konnten, wurde die Gestalt wieder mit zurückgerissen. Erst eine neue Welle trug sie wieder heran, und diesmal war es den Männern möglich, sie zu packen, ehe der Sog der abziehenden Welle sie ihnen wieder entriss. Die Rettung war geglückt. Man brachte die Person an Land. Es war Lady Violet.

Auf die sechs Retter wartete man bis zum Morgen vergeblich. Ihre Leichen spülte das Meer später an verschiedenen Küsten der Nordsee an.

Eine Woche nach dem Unglück begrub man die sechs Seeleute auf dem kleinen Friedhof der Insel. Lady Violet war bei dem Begräbnis dabei. Sie sprach im Namen ihres Bruders, des Gouverneurs, der in London war, an den offenen Gräbern.

»Ihr seid«, sagte sie, »um meinetwillen ausgefahren. Ich war tollkühn und habe nicht bedacht, dass ich auch euch in Gefahr bringen würde. Gott lohne es euch allen! Euch Lebenden aber«, die Lady wandte sich an die Trauergemeinde, »euch Lebenden sage ich, es war nicht Mut, sondern Wahnsinn, auszufahren. Bei solchem Wetter und mit solchem Boot kehrt niemand zurück. Nur einer unter euch, der kleine Jan Janssen, hatte den Mut, diesem Wahnsinn entgegenzutreten. Er kannte die Boote. Er kannte die Ruderer. Er gab mir mehr Chancen als den sechs Rettern. Er war so vernünftig zu sagen, sechs Leben für eins, das sei zu teuer. Er hatte recht. Habt zukünftig nicht blinden, sondern vernünftigen Mut! Beten wir für die Seelen der Toten!«

Man betete. Aber das Erstaunen über die Rede der schönen Lady Violet blieb auf den Gesichtern, und Jan Janssens Sohn Broder blickte zu Boden, bis die Trauerfeier zu Ende war.

---

* Die Insel Helgoland, die heute zum Kreis Pinneberg in Schleswig-Holstein gehört, stand von 1814 bis 1890 unter englischer Oberhoheit und wurde jeweils von einem Gouverneur verwaltet.

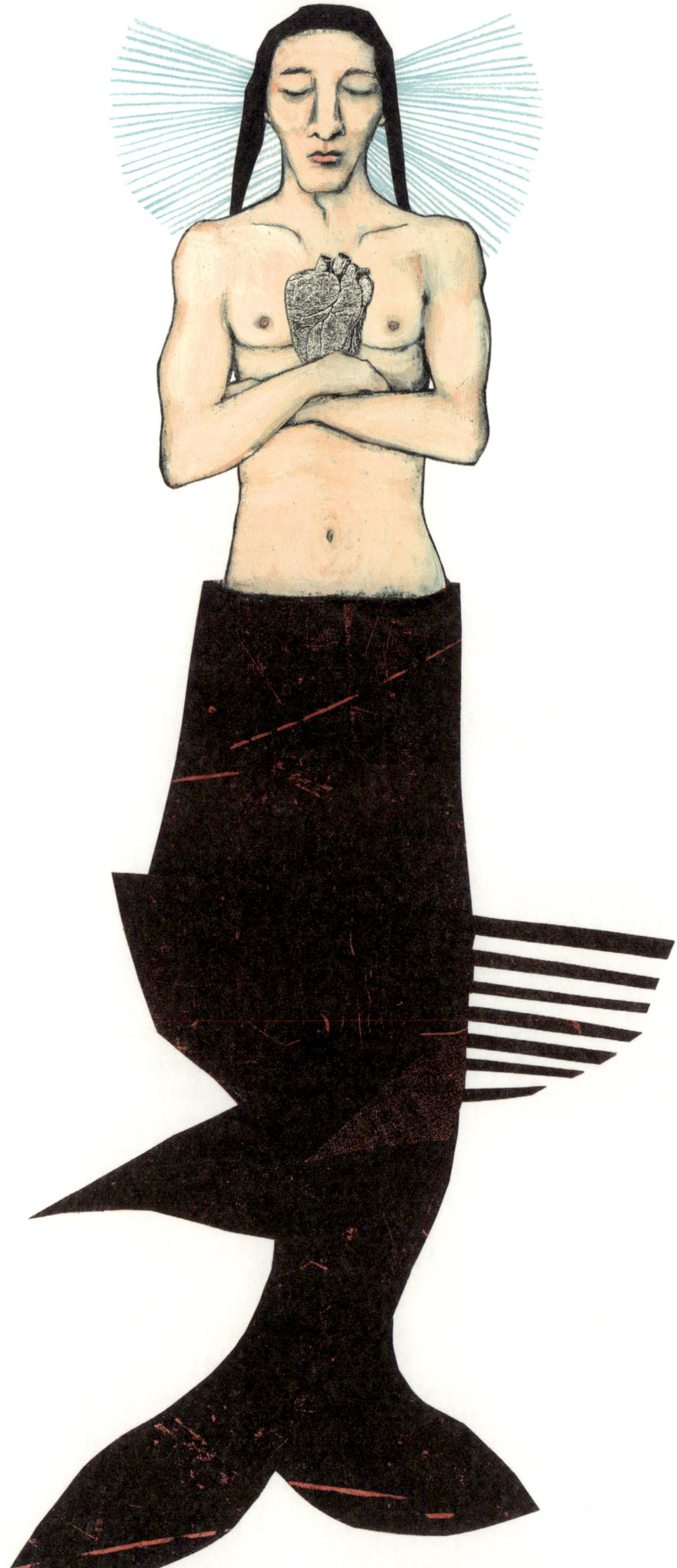

Ludek Pesek (1919–1999)
Der Wal

Eine Geschichte aus dem Pazifischen Ozean
und von den Anfängen des Walfangs

Niemand in der Siedlung konnte sich erinnern, wer dem Felsen seinen Namen gegeben hatte. Niemand wusste, wer ihn als Erster erstiegen hatte. Es musste schon lange her sein, denn von den Wachen auf dem Wal-Felsen hatte schon angeblich der Großvater eines jeden Großvaters gesprochen. Gewiss ist nur, dass von jeher – wenn die Sonne den Schnee verschluckt und das Eis vom Wal-Felsen aufgeleckt hatte – die Männer über die grasbewachsenen Klüfte hinaufkletterten, um sich umzusehen, wie denn die Welt aussehe und ob das Meer nicht zufälligerweise die Absicht hege, den Menschen mit einem hübschen Stück Fleisch zu beehren. Vom flachen Gipfel des Felsens aus war nämlich oft zu sehen, wie sich in der Ferne weiße Wasserdampf-Fontänen vom Wasserspiegel abhoben.
Auch die schwarzen Rücken der Walfische, die sich dort in den Wellen wälzten, wurden sichtbar.
Zu dieser Zeit standen alle Männer der Siedlung bei ihren Lederbooten bereit und warteten auf das Zeichen der Wache dort oben auf dem Felsen. Hatte sich eines der riesenhaften Tiere in die Bucht verirrt, dann brauchte es zu seiner Erlegung nur noch Kraft, Mut, Ausdauer – und Glück. Dann war das Leben herrlich sorglos.
Eines Tages, als ein Mann namens Untuk Häuptling war, eines Sommertages also, riefen die Wachen vom Gipfel des Felsens, sie kämen. Jeder wusste, was da geschwommen käme. Die Siedlung geriet in fieberhafte Bewegung. Die Männer schleppten die herausgezogenen Boote aufs Wasser. Einigen schienen ihre Speere nicht scharf genug zu sein und sie liefen, sie noch ein wenig nachzuschärfen. Die Frauen kreischten und rannten von Hütte zu Hütte, die Kinder jaulten und liefen mit den Hunden den Männern zwischen die Beine.
Da ertönte Untuks laute Stimme. Der Häuptling machte befehlende Handbewegungen, und jeder Hund, der in seine Reichweite kam, bekam einen Fußtritt. Die Fischfänger lachten und führten Untuks Befehle aus.
Untuk war stolz auf seine Taten, auf seinen Besitz, auf seine Hütte, auf seine Familie und vor allem auf seinen ältesten Sohn, der bereits einen Seehund mit dem Knochenmesser durchbohrt hatte. Einmal sagte Untuk, sein Sohn sei der mutigste, weiseste und schönste aller Söhne weit und breit. So etwas sagte er zu Vätern

und Müttern anderer Söhne. Damals lachte niemand beifällig, und Untuk durchbohrte mit seinem Speer einen Hund, um seinem Ärger Luft zu machen.

Die Wache auf dem Wal-Felsen schrie, drei seien in der Bucht.

Die Lederboote waren so voll beladen mit Steinen, dass sie kaum noch die Männer tragen konnten. Die Walfänger paddelten leise und behutsam. Langsam ordneten sie die Boote zu einer langen Reihe, um den Tieren den Weg zum offenen Meer abzuschneiden. Aus den graublauen Wellen der Bucht tauchten von Zeit zu Zeit drei Inseln auf – die Wale – und spritzten weiße Wassersäulen zum Himmel.

Den erregten Fängern gelang es, die nichtsahnenden Tiere zu umkreisen. Untuk winkte mit den Händen und schrie heiser. Da erhob sich aus allen Booten wildes Geschrei. Steine flogen durch die Luft und fielen mit lautem Platschen ins Meer. Das Wasser schäumte unter den Schlägen der riesigen Schwänze, als die Tiere davonjagten. Die Männer paddelten angestrengt, um sie in die Bucht zurückzujagen. Plötzlich, als ahnten sie die drohende Gefahr, verschwanden die Wale unter den stürmischen Wogen des Meers. Zwei Wale tauchten nach einer Weile hinter den Rücken der enttäuschten Walfänger auf, aber der dritte spie seine Wassersäule in der Bucht, unweit des Ufers, in die Luft. Mit wütendem Geschrei stürzten sich die Walfänger auf dieses Tier.

Das Tier verhielt sich eigenartig. Ruhig legte es sich in dem stillen Wasser auf eine Seite und schlug leicht mit der Schwanzflosse auf den Wasserspiegel. Als die Boote näher kamen, erkannten die Walfänger, was die Ursache des eigenartigen Verhaltens war: Ein gerade geborenes Junges, angeschmiegt unter einer Vorderflosse der Mutter, saugte Muttermilch.

Die Männer hielten einen Augenblick an in ihrem Jagdeifer, aber Untuk hörte nicht auf zu schreien und sie anzufeuern. Sein Speer bohrte sich tief in die glänzende Seite des Wals. Das Tier zuckte zusammen. Untuk riss an dem Riemen, der mit dem Speer verbunden war, riss den Speer aus dem Körper des Tieres und zog ihn ins Boot zurück. Aus der Wunde brach ein Blutstrom und färbte das aufgewühlte Wasser.

Der Anblick des Blutes weckte in allen die Jagdleidenschaft. Schreiend näherten sie sich dem immer noch ruhig daliegenden Tier und stießen immer wieder ihre scharfen langen Speere in seinen Körper. Das Meer hob sich unter den Schlägen der mächtigen Flossen. Zwei Boote kenterten. Der Wal wälzte sich im Wasser, immer noch sein Junges an die Brust drückend. Aus unzähligen Wunden quoll das Blut. Untuk jubelte. Er sah, wie sein mutiger und schöner Sohn den knöchernen Spieß in das Tier trieb. Er sah das freudestrahlende Gesicht des Jungen.

Da erblickte Untuk etwas Weißes; es schwebte über der dunklen Körpermasse des Wals. Es war das saugende Junge. Zu dieser Zeit lag der Wal schon im Sterben. Krampfhaft öffnete er die Atemöffnungen, drehte sich auf den Rücken und drückte mit der Flosse das Junge an seine Brust. Die Fänger verstummten. Nur das Meer platschte an die Seiten der Lederboote.

Untuk begann laut zu lachen, näherte sich mit seinem Boot dem Tier und spießte mit seinem Speer das Junge an den Körper der Mutter. Aus dem Meer erhob sich die schwere Schwanzflosse, beschrieb über einem der Boote eine letzte Kurve und fiel mit betäubend donnerndem Schlag in das schäumende Wasser. Dann war es still. Untuks Sohn lag auf dem Boden des Bootes mit gebrochenem Genick. Der Fang war gelungen, der Wohlstand gesichert. Aber die erfolgreichen Jäger jubelten nicht.

Als Untuk seinen toten Sohn ans Ufer getragen hatte, sah der Junge aus, als ob er schliefe. Nur auf der entblößten Brust war eine kleine, leicht blutende Wunde, verursacht durch das gebrochene Paddel. Die Walfänger, die im Kreis herumstanden, sahen einander schweigend an.

Später, als die Greise untereinander über Untuk und seinen Sohn sprachen, sagten sie, das Blut auf dem Brustkorb sei ein Zeichen gewesen, und Untuk hätte entweder nicht lachen oder nicht töten sollen.

Untuk tötete nie wieder einen Wal. Er konnte kein Blut mehr sehen. Immer, wenn die Walfänger am Ufer einen Wal vierteilten, floh er aus der Siedlung in die Felsen und hielt dort Zwiesprache mit den tauben Felsblöcken. Er wurde alt, und alle lachten über ihn.

David Thomson (1914–1988)
Angus Ruadh, Seehundtöter

Das Buch »Seehundgesang« von David Thomson ist das Ergebnis langer Wanderungen, die der Autor Ende der 1940er Jahre am westlichen Rand Europas, an der schottischen und irischen Küste im Auftrag der BBC unternommen hat, für die er etwa 25 Jahre lang Radiobeiträge produzierte. In Gegenden, von denen die Menschen lange Zeit glaubten, sie seien das Ende der Welt, kehrte er in entlegene Pubs und windschiefe Fischerhütten ein, um sich von den Bewohnern Seehundlegenden erzählen zu lassen, die zum einzigartigen Sagenschatz einer versunkenen Welt gehören. Thomson gibt den Erzählton seiner »Informanten« möglichst unverfälscht und unbearbeitet wieder.

Damals, als die Leute noch das Öl aus dem Speck pressten und es in ihre Lampen taten, da gab's Männer, denen ihr Beruf war Seehunde töten. Und so einer war mein Großvater. Aber dann hab ich meinen Vater sagen hören, dass er sich oftmals gefürchtet hat, weil einem, der vor ihm mal in dem Gewerbe war, dem ist was Schlimmes passiert – und der hieß Angus Ruadh und war aus Mallaig.«
»Was ist mit dem Mann passiert?«
»Also ... Also es ist passiert, dass dieser Angus Ruadh eines Abends in seine Kate zurückgekommen ist, war so eine wie die hier, und er hat sich auf seine Koje gelegt, gerade so wie ich, wenn ich mit dem Lachs nach Hause komme, und da hat ihn ein Fremder geweckt, stand in der Tür, und dieser Fremde sagt zu ihm, und er verdunkelt die Tür: Heißt du Angus Ruadh der Seehundtöter?

So heiße ich, sagte Angus. Und wie heißt du?, sagt er. Du bist wohl ein Fremder.
Wie ich heiße, spielt keine Rolle, sagt der. Ich bin hier, um über ein Geschäft zu reden, und ich will keine Zeit verschwenden, sagt er.
Jedenfalls bist du willkommen, sagt Angus Ruadh der Seehundtöter. Komm herein, sagt er, und mach die Tür zu, und dann setze ich gleich Tee für dich auf.
Ich danke dir, sagt der Fremde, aber ich bin in Eile, und das Pferd, das ich hier habe, steht nicht gerne still. Ich komme von einem Mann, der hat Geld, das wartet auf dich. Kannst du ihm hundert Seehundfelle besorgen?
Hundert Seehundfelle!, sagte Angus Ruadh. Das ist ja eine gewaltige Menge, sagte er.
Er nimmt, was du im Haus hast, und gibt dir dazu noch einen Vertrag über ein Jahr.
Am besten red ich mal mit ihm, sagt Angus Ruadh, kannst mich gleich im Morgengrauen zu deinem Herrn bringen.
Aber der Fremde sagt nein, es muss noch in der Nacht sein. Kannst dich hinter mich aufs Pferd setzen, sagt er, dann bring ich dich zu meinem Herrn, sagt er.
Und da ist Angus Ruadh der Seehundtöter hinter ihn aufs Pferd gestiegen, und sie sind so schnell über die Landstraße geritten, dass der Wind, der von hinten wehte, nicht mit ihnen mitkam, und der Wind, der vor ihnen wehte, nicht von ihnen weg. Und sie gelangten an eine Stelle, wo ein großes schwarzes Kliff war, vierhundert Fuß über dem Meer. Und das Pferd blieb am Rande des Kliffs stehen, und sie sind abgestiegen, der Fremde und Angus Ruadh.
Haben wir uns verirrt?, sagt Angus Ruadh.
Nein, Angus Ruadh, sagt der Fremde, dann tritt er nahe an ihn heran und sagt: Wir sind da.
Angus Ruadh der Seehundtöter wollte sich umschauen, doch der Fremde war immer vor ihm. Und wo ist der, von dem du gesprochen hast?
Wirst schon sehen, sagte der Fremde, und er trat nahe an ihn heran, und er umschlang Angus mit beiden Armen unter den Achselhöhlen, und er drückte seinen Körper mit starkem Griff an sich und blies ihm einen langen Atemzug in den Mund. Und sie waren am Rande des Kliffs. Und da hob der Fremde Angus Ruadh hoch und tauchte mit ihm zusammen hinab, hinab ins Meer.
Sie tauchten in die Finsternis des Meers hinab. Sie sanken tief, und ganz unten auf dem Sand und Seegras am Boden kamen sie an eine Tür. Da öffnete der Fremde die Tür, und er und Angus Ruadh gingen hinein. Und Angus Ruadh sah drinnen eine Menge Zimmer und eine große Vielzahl von Leuten, die ihn bitterlich klagend begrüßten.

Da sagte er bei sich: Jetzt bin ich hier bis ans Ende meiner Tage, denn wenn ich versuche zu fliehen, ertrinke ich bestimmt.

Und auf einmal stand der Fremde vor ihm, einen langen, scharfen Dolch in der Hand.

Angus Ruadh der Seehundtöter bettelte um Gnade für sein Leben.

Hast du dieses Messer schon einmal gesehen?, sagte der Fremde zu ihm.

Er betrachtete es. Ja, sagte er, das ist mein Messer, das du da in der Hand hast. Das ist mein Messer, das ich verloren habe, als ich einmal auf den Klippen gejagt habe. Das Messer habe ich in einen Seehund gestoßen, sagt Angus Ruadh, und der Seehund ist damit ins Wasser geflohen.

Dieser Seehund war mein Vater, sagt der Fremde.

Ein Seehund dein Vater?, sagte Angus Ruadh.

Er liegt dort hinten im Zimmer, sagt der Fremde. Er ist sehr krank und wird wohl sterben, sagt er, und nur du kannst ihn heilen. Und ich habe wohl gewusst, sagt er, dass ich dich nur mit einer List hierherbringen konnte, und mehr, sagte er, hat es mit den hundert Seehundfellen nicht auf sich.

Er führte ihn in das Zimmer zu seinem Vater, und der lag da auf dem Bett mit einem tiefen Schnitt im Hinterteil. Und um das Bett herum standen noch mehr Leute, und die sagten zu Angus Ruadh, er müsse die Lippen der Wunde mit seinen eigenen Händen schließen; es gehe nur mit seinen Händen. Und das tat er dann auch. Und sofort war die Wunde verheilt, und der alte Seehund erhob sich in bester Gesundheit vom Bett.

Und da herrschte ringsum großer Jubel.

Nun, sagte der Fremde zu Angus Ruadh dem Seehundtöter, wenn du hier vor uns einen Eid schwörst, dass du nie wieder, solange du lebst, einen Seehund verletzt oder tötest, bringe ich dich in das Land zurück, in dem du lebst. Denn es ist nicht gut, sagte er, unter Fremden zu leben.

Angus Ruadh schwor einen feierlichen Eid, und dann gingen sie zur Tür hinaus. Und der Fremde umschlang ihn erneut mit beiden Armen unter den Achselhöhlen und drückte ihn an sich mit starkem Griff, und gemeinsam stiegen sie zur Meeresoberfläche auf, und als sie vierhundert Fuß höher auf dem Rand des Kliffs standen, blies ihm der Fremde einen langen Atemzug in den Mund. Na, und das Pferd stand da, und der Fremde zog ihn hinter sich auf den Sattel, und wenn sie zum Kliff hin schnell geritten waren, so ritten sie doppelt so schnell von ihm fort, so schnell, dass der Wind, der hinter ihnen wehte, nicht mit ihnen mitkam, und der Wind, der vor ihnen wehte, nicht von ihnen weg.

Und so setzte der Fremde Angus Ruadh den Seehundtöter auf der Schwelle seiner Tür ab, und er machte ihm etwas zum Geschenk, das ihn bis zu seinem Tod ernährte, ohne dass er arbeiten musste. Das Geschenk nämlich, das der Fremde Angus Ruadh dem Seehundtöter machte, war ein Sack voll Gold. Und das ist alles, was ich von der Geschichte weiß.«

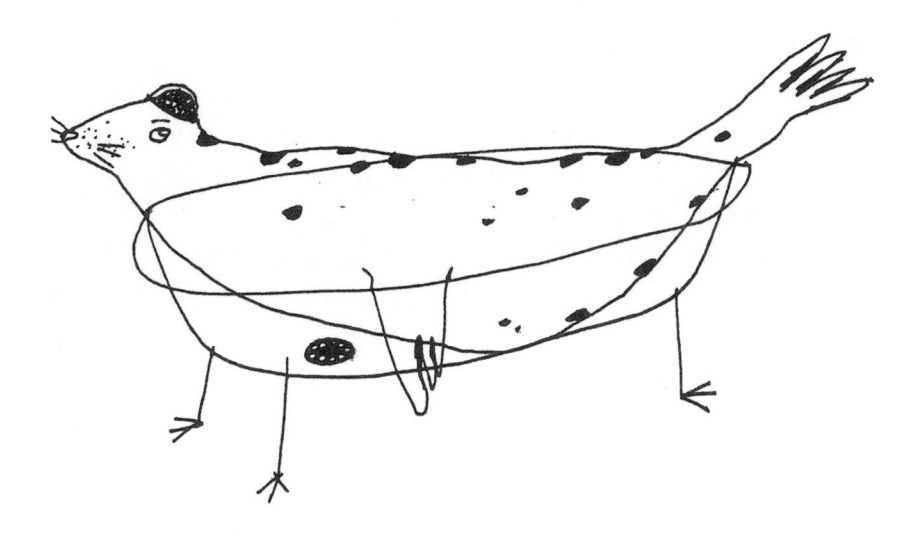

John Steinbeck (1902–1968)
Die Perle

Nach einem alten mexikanischen Sagenstoff erzählt John Steinbeck die Geschichte vom armen Fischer Keno, seiner Frau Juana und ihrem Baby, dem kleinen Sohn Coyotito, der von einem Skorpion in die Schulter gebissen wird. – Und er erzählt von dem Fund einer außergewöhnlich schönen und großen Perle, der ihrer aller Leben dramatisch verändert.

Am Strand lagen die weißen und blauen Kanus. Diese Kanus trugen einen muschelähnlichen, wasserdichten Überzug, der sie für Generationen haltbar machte, dessen Herstellungsart aber von den Fischern geheim gehalten wurde. Es waren hohe, anmutige Boote mit geschweiftem Bug und Heck, in denen mittschiffs ein Mast mit einem Segel eingesetzt werden konnte. Am Strand lag gelber Sand, der aber dort, wo das Wasser begann, von Muscheln und Algen bedeckt war. Krebse krabbelten in ihren Sandhöhlen, und in den Untiefen schlüpften kleine Hummer hin und her. Der Meeresgrund war reich an Tieren und Pflanzen. Braune Algen und grünes Seegras, an das sich kleine Seepferdchen klammerten, wogten in der sanften Flut.

Die Holzhütten der Fischer lagen hinter dem Strand zur rechten Seite der Stadt. Keno und Juana gingen langsam zu ihrem Kanu, das ihren einzigen Besitz, der Wert besaß, darstellte. Es war sehr alt. Kenos Großvater hatte es aus Noyarit gebracht, er hatte es Kenos Vater übergeben, und so war es schließlich Kenos Eigentum geworden. Es war ein wesentlicher Besitz, denn die Frau des Mannes, der ein Boot sein Eigen nennt, kann sicher sein, immer genügend Nahrung zu haben. Ein Boot ist ein Bollwerk gegen den Hunger. Und Keno pflegte sein Boot und erneuerte jedes Jahr den harten, muschelähnlichen Bezug, den herzustellen sein Vater ihn gelehrt hatte.

Als Keno nun zu dem Boot kam, strich er, so wie er es immer tat, zärtlich über dessen Bug. Dann warf er den Tauchstein, seinen Korb und die zwei Seile, die er mitgebracht hatte, in den Sand. Und dann faltete er seine Decke zusammen und legte sie in das Kanu.

Juana bettete Coyotito auf die Decke und breitete ihr Kopftuch über ihn, damit er nicht der heißen Sonne ausgesetzt wäre. Er war jetzt ruhig, aber die Schwellung auf seiner Schulter war über den Nacken bis unter die Ohren vorgedrungen, und sein Gesicht war aufgeblasen und fiebrig. Juana ging zum Wasser und machte aus Seegras einen flachen, feuchten Umschlag, den sie auf die geschwollene Schulter des

Kindes legte. Dieser Umschlag war vielleicht ein ebenso gutes Heilmittel wie irgendein anderes, ja, vielleicht ein besseres, als der Arzt hätte verschreiben können, aber für Juana war es nicht gut genug, weil es so einfach war und nichts kostete.

Magenkrämpfe hatten sich bei Coyotito nicht eingestellt. Vielleicht hatte Juana das Gift noch rechtzeitig aus dem kleinen Körper gesogen. Nichtsdestoweniger war ihre Angst um den Erstgeborenen geblieben. Sie hatte nicht direkt um Gesundung des Kindes gebetet – sie hatte gebetet, Keno möge eine Perle finden, damit sie den Arzt, der das Kind heilen sollte, bezahlen könnten.

Keno und Juana zogen das Kanu über den Strand, und als sein Bug das Wasser erreicht hatte, setzte sich Juana hinein, während Keno am Heck schob, bis es auf den kleinen Wellen leicht schaukelte. Dann arbeiteten Juana und Keno mit den Paddeln, und das Boot durchschnitt das zischende Wasser. Die anderen Perlenfischer waren schon lange unterwegs, und Keno konnte bald ihre verschwommenen Gestalten sehen, die über die Austernbänke glitten.

Das Licht drang durch das Wasser in die Mulde, in der die rauen Austern auf dem steinigen Boden hingen. Die Austern waren grau und unscheinbar, aber der Zufall konnte ein Sandkorn in die Falten ihres Muskels treiben und das Fleisch reizen, bis es zum Selbstschutz das Sandkorn mit einer harten, glatten Schicht überzog. Und diese Schicht wurde immer dicker, bis der Fremdkörper einmal bei stürmischer See aus der Schale fiel oder bis die Schale zerstört wurde. Seit Jahrhunderten tauchten die Männer, rissen die Austern aus ihren Betten, brachen sie auf und suchten nach diesen überzogenen Sandkörnchen. Fischschwärme tummelten sich um die Austernbänke, um jener Stelle nahe zu sein, wo die aufgebrochenen Austern von den Perlensuchern ins Meer zurückgeworfen wurden.

Keno hatte zwei Seile. Eines band er an den schweren Stein und eines an den Korb. Er entledigte sich seines Hemdes und seiner Hose und legte seinen Hut auf den Boden des Kanus. Die See war spiegelglatt. Er nahm den Stein in eine Hand und den Korb in die andere, glitt, mit den Beinen voran, ins Wasser, und der Stein zog ihn in die Tiefe. Blasen stiegen auf. Erst als sich das Wasser beruhigt hatte, konnte er wieder sehen. Die Fläche über ihm war wie ein hell glänzender, leicht gebogener Spiegel, durch den sich der Boden des Kanus bohrte.

Keno bewegte sich vorsichtig, um das Wasser nicht durch Schlamm und Sand zu verdunkeln. Er schlüpfte mit dem Fuß in die Schleife des Seiles, an dem der Stein befestigt war, und riss mit seinen Händen schnell einige Austern los, die er in den Korb legte. An manchen Stellen hingen die Austern so dicht, dass er sie in ganzen Klumpen loslöste.

Keno, in seinem Stolz, seiner Jugend und seiner Stärke, vermochte ohne Anstrengung länger als zwei Minuten unter Wasser zu bleiben, sodass er sorgfältig arbeiten und die größten Austern aussuchen konnte. In ihrer Ruhe gestört, hatten sie alle die Schalen fest geschlossen. Keno sah zu seiner Rechten einen rauen Felsblock, der mit Austern bedeckt war. Aber sie schienen noch zu jung. Er wandte sich zu dem nächsten, und da, neben diesem, erblickte er unter einem kleinen Vorsprung eine riesengroße Auster. Ihre Schale war halb offen, denn der Vorsprung hatte sie bis jetzt geschützt, und Keno konnte zwischen ihrem lippenähnlichen Muskel ein geisterhaftes Flimmern wahrnehmen. Aber dann schloss sich die Schale. Keno hörte den schweren Schlag seines Herzens. Langsam brach er die Auster los und hielt sie fest gegen seine Brust. Dann zog er den Fuß aus der Schlinge, die der Stein hielt, und ließ sich an die Oberfläche des Wassers treiben. Sein schwarzes Haar glänzte im grellen Licht der Sonne. Er hob den Arm und legte die Auster in das Kanu.

Juana hielt das Boot im Gleichgewicht, während Keno wieder hineinkletterte. Seine Augen glänzten vor Aufregung, aber er zog erst den Stein und den Korb mit den Austern vom Grund des Meeres hoch. Juana fühlte seine Erregung, aber sie tat so, als ob sie nichts merkte. Es ist nicht gut, wenn man etwas zu sehr wünscht. Das Glück wird manchmal dadurch fortgetrieben. Man muss es gerade nur stark genug wünschen, darf sich aber Gott oder den Göttern nicht aufdrängen.

Juana hielt den Atem an, als Keno sein kurzes, starkes Messer langsam öffnete. Suchend schaute er in den Korb. Vielleicht wäre es besser, die große Auster als Letzte aufzumachen. Er nahm eine kleine, durchschnitt ihren Muskel, öffnete und durchsuchte die Schale und warf sie dann wieder ins Wasser. Und dann tat er, als ob er die große Auster jetzt zum ersten Mal sähe, und er nahm sie in die Hand und betrachtete sie. Dunkel glänzten die Schalen. Noch zögerte Keno, sie zu öffnen. Aber Juana konnte nicht mehr länger warten. »Öffne sie«, sagte sie sanft.

Keno stieß sein Messer geschickt zwischen die Schalen. Er fühlte, wie sich der Muskel der Auster zusammenzog. Er setzte die Klinge wie einen Hebel an, der Muskel gab nach, und die Schalen fielen auseinander. Das Fleisch zuckte und fiel dann zusammen. Keno schob es zur Seite – und da lag die große Perle, glänzend wie der Mond, vor ihm. Sie fing das Licht ein und strahlte es gereinigt, silbern glühend wieder zurück. Sie war so groß wie das Ei einer Seemöwe. Sie war die größte Perle der Welt. Juana holte tief Atem und stöhnte leicht auf. Keno hob die Perle aus der Schale der Auster, hielt sie in seinen Händen, drehte und wendete sie und erkannte, dass sie vollkommen war.

Juana wandte sich instinktiv zu Coyotito, der auf der Decke seines Vaters lag, und nahm den Umschlag aus Seegras von seiner Schulter.

»Keno!«, schrie sie auf.

Keno hob den Blick von der Perle und sah, dass die Schwellung auf der Schulter seines Sohnes nachgelassen hatte. Er schloss die Faust über der Perle. Sein Gefühl überwältigte ihn. Er warf den Kopf in den Nacken und stieß einen lauten Schrei aus.

Josef Holub (1926–2010)
Das Eis bricht

Schauplatz von Josef Holubs autobiografischem Roman »Der rote Nepomuk« ist eine Kleinstadt in Böhmen. Er beginnt im Jahr 1938, vor dem Einmarsch der Hitlertruppen in die Tschechoslowakei. Das Zusammenleben von Deutschen und Böhmen ist bereits angespannt. Josef und Lutsch wollen dem »Tschechenbub«, dem Böhmack* Jirschi, ein wenig Angst einjagen, als sie ihn auf eine Eisscholle setzen.

Am ersten Donnerstag im März zerbricht das Eis auf dem Fluss. Das ist ungeheuer wichtig für uns Buben.
Die Wärme ist gestern vom Bayerischen hergekommen. Über Nacht ist der Schnee überall davongelaufen, bis er keiner mehr war. Alles ist in den Fluss hinein, im Fluss sammelt sich die Brühe, und sie sieht aus wie eine Einbrennsuppe oder das Badewasser am Samstag.
Die Eisdecke auf dem Fluss wird überspült, und dort, wo es kann, drückt das Wasser auch von unten. Das Eis an den Ufern scheuert sich los, und dann bricht es auseinander. Wer den Moment verpasst, muss wieder ein ganzes Jahr lang warten, bis er Eisschinaken* fahren kann.
Weil der Donnerstag schulfrei ist, pfeift mir der Lutsch Charwat gleich nach dem Mittagessen. Die Mutter ist immer misstrauisch, wenn der Lutsch Charwat pfeift. Sie kann ihn nicht leiden, wegen der Lumpereien, die auf sein Konto gehen. Zum Beispiel die Anzeige von der Böhmischen Staatseisenbahn. Wir haben letzten Oktober probiert, wie viel Kraft der Schrankenwärter Krejtschi in die Kurbel bringen muss, wenn wir zu viert an der Schranke hängen. Außerdem stinkt der Lutsch Charwat vom Kopf bis zu den Füßen, sagt meine Mutter, und die Tratscherinnen wissen, dass die Charwats nicht einmal Papier auf dem Abort haben. Wo sollte es auch herkommen, wenn die *Neue Morgenpost* so teuer ist. Der Lutsch hat zwei Haare unter der Achsel, die er gerne herzeigt, wenn es nicht zu kalt ist.
Ich sage, dass ich dem Lutsch bei einer Fleißaufgabe helfen muss, und damit jeder merkt, dass ich nicht nur so daherlüge, hat der Lutsch das Heimatkundeheft zwischen die Hosenträger geklemmt. Er tut sich immer so schwer mit der
Landkarte, sagte er, wenn sie über Klattau hinausgeht, und er
weiß nicht recht, was im Osten oder im Westen liegt.

»Ihr bleibt mir vom Wasser weg!«, sagt die Mutter. »Ja, ja«, sagen wir. Und: »Denkt an den Jan Krschisch von Petrowitz«, sagt sie, und wir sagen: »Ja, freilich denken wir daran.«

Den Jan Krschisch hatten letzten Winter die Eisschollen zerdrückt, weil er mit einer zu dünnen geschifft war. Das Eis war ihm zwischen den Zehen gebrochen, und als er dann umspringen wollte, ist er zuerst daneben, dann dazwischen und zum Schluss daruntergekommen. Aber er hat eine schöne Leiche gehabt. Sehr verspätet, denn er ist erst nach zehn Tagen im Böhmischen wiederentdeckt worden. Zwischen den ersten Buschwindröschen ist er am Ufer gelegen. Die ganze Schule von Petrowitz war beim Begräbnis, und die Mädchen haben gesungen und geweint. Normalerweise hätten sie den Jan Krschisch gar nicht angeschaut.

Wir gehen auch gleich zum Fluss. Er ist doppelstöckig mit Brühe aufgefüllt, und die Eisschollen in allen Stärken und Größen hauen gegeneinander und ans Ufer. Sie schieben sich aufeinander, glitschen wieder ab, tauchen unter und tauchen auf. Der Fluss brodelt und rauscht, kratzt und scheuert, und er macht einen Lärm, dass der Lutsch schreien muss.

Jetzt kommt sie, die ganz große Platte. Sie liegt elegant und ruhig im Wasser. Vorne steigt sie ein wenig hoch und zeigt so ihre vollendete Schönheit und Stärke.

»Die ist es! Die hält bis ins Meer! Bis Amerika!«, jubelt der Lutsch. Dabei weiß er gar nicht, wo Amerika liegt. Wahrscheinlich meint er, Amerika ist die Gegend irgendwo hinter Janowitz.

Wir laufen ein Stück mit der Eisscholle und schauen sie genau an. Die ist es! Sie kommt ein wenig näher an das Ufer und ist nun in Sprungweite.

Das Springen ist das Wichtigste und Heikelste. Wenn es danebengeht, ist alles für die Katz. Der Sprung darf auch nicht bockig sein oder auf den Rand der Platte kommen, sonst bricht ein Trumm ab, oder sie schaukelt zu wild, und man wird leicht abgeworfen. Zu flach darf man auch nicht springen, sonst rutschen die Füße über die Scholle hinweg, und das Leben ist dann fast nichts mehr wert.

Jetzt! Der Lutsch ist oben. Er schreit Laute in die Welt, die es sonst gar nicht gibt und die deswegen auch nicht wiederholt werden können. Vielleicht hat Kolumbus so geschrien, wie er Amerika entdeckt hat.

»Spring! Spring! Feigling! Hosenscheißer! Arsch!«

Lutsch Charwat ist der einzige mir bekannte Mensch in der Stadt, der das Wort Arsch gebraucht. Er hat es von einem älteren Mann aus Bayern gehört, und es wird erzählt, über der Grenze sagen die Leute immer Arsch, wenn sie den Hintern meinen. Die sind alle katholisch und gehen nachher ganz normal zum Beichten.

Die Scholle wird abgetrieben, eine andere schiebt sich dazwischen.

»Spring!«

Ich springe. Mit zwei Schritten bin ich sanft über die Scholle dazwischen gesprungen und stehe nun neben Lutsch. Wir gleiten dahin, auf einer Eisscholle, für die man nicht einmal einen Schutzengel braucht. Grundsolid, mit einem Tiefgang wie ein Ozeandampfer, aus Eisstahl gebaut und so ruhig im Wasser, dass wir den Aufprall der anderen Schinaken gar nicht spüren.

Die Spannung ist dahin. Nicht einmal ein Mädchen kommt vorbei.

»Ich geh wieder runter!«

Es passt gut. Wir laufen flussaufwärts und schiffen uns nochmals ein. Wie der Jan Krschisch so blöd sein konnte, dass er ersaufen musste!

Dann passiert es, aber etwas ganz anderes.

Wie wir gerade das dritte Mal schinaken wollen und am Ufer auf eine passende Eisscholle warten, geht er vorbei. Ein Knabe in unserem Alter, den wir nicht kennen, und weil dieser Knabe ganz sauber angezogen ist, sagt der Lutsch zu ihm: »Komm mal her, du Stinker!«

Der tut nicht, was der Lutsch will. Da werden wir böse, und dann merken wir, dass er auch noch ein Tschech ist. Der Böhmack sitzt ihm beim Reden im Genick, als er sagt, wir sollen ihn in Ruhe lassen.

Der Lutsch spekuliert schon eine Strafe für den Tschechen aus, und ich meine, wir lassen ihn barfuß heimlaufen. Aber dem Lutsch ist das zu wenig. Er denkt an stärkere Sachen, die nicht unbedingt beschrieben gehören. Wir treffen uns mit unseren Strafen in der Mitte, und der Gedanke, den Tschechen auf einer Eisscholle und ohne Stecken schwimmen zu lassen, gefällt uns beiden.

Der Knabe wehrt sich, und er ist stark. Ich muss den doppelten Nelson anwenden. Den habe ich vom Josef Budweiser gelernt. Der Griff erledigt jeden. Trotzdem muss Lutsch Charwat nachhelfen, sonst wäre ich schlecht dagestanden.

Der Tschech wird auf eine Eisscholle gesetzt. Wir springen zurück und lassen ihn schwimmen. Natürlich ohne Stecken, sonst hätte er womöglich noch Spaß daran gehabt. Zuerst müssen wir ihn daran hindern, an Land zu springen, dann ist das gar nicht mehr notwendig, denn er hat keine Gelegenheit dazu. Das andere Ufer ist auch nicht erreichbar. Dort schwimmt nur Kleinzeug, das trägt nicht.

Der Knabe sagt kein Wort. Er schaut nur so traurig. Jetzt tut er mir fast leid. Aber der Lutsch Charwat grölt und hüpft vor Freude. Wir laufen am Ufer mit. Warum schreit der Tschech nicht? Jeschisch Maria!, könnte er rufen oder: Gnade! Barmherzigkeit! Nichts dergleichen tut der Tschechenbub. Er müsste aufgeregt umherspringen, und Wasser und Rotz hätten aus Augen und Nase zu triefen. Nein, still und schön hockt er dort, wie der Jesusknabe auf dem Seitenaltar in der Diwischowitzer Kirche.

Und die Scholle schaukelt auf der Brühe. Rundherum gurgelt und kratzt und knirscht es, und die Fahrt wird immer schneller.

Lutsch Charwat ist wie besoffen. Wir laufen am Ufer mit.

»Jetzt müsste er aber raus!«

Wie denn? Daran haben wir nicht gedacht. So weit sind wir noch nie geschinakelt. Da wird es gefährlich. In der Ferne grollt und donnert es, das große Wehr.

Mir fährt es in den Brustkasten, ins Herz oder die Seele oder das Gewissen oder in sonst etwas. Wenn der Tschech über das Wehr stürzt, ist er hin.

»Das Wehr, Lutsch, das Wehr!«

»Das Wehr!«, schreit Lutsch. »Das Wehr!« Er hat es auch gemerkt, so blöd er sonst ist.

»Er muss raus, bevor er hin ist«, schreie ich.

»Wie denn? Der ist hin!«, sagt der Lutsch, und er ist trotz des Laufens ganz bleich.

»Hilfe!«, rufe ich. »Hilfe! Auf dem Eis schwimmt einer. Hilfe! Hilfe!« Bis mir der Hals wehtut. Aber kein Mensch ist in der Gegend. Wer sollte auch zu so unnützer Zeit am Fluss sein?

Die Scholle schaukelt auf das Wehr zu. Das Donnern wird stärker. Vielleicht noch hundert Meter.

Der Tschech rudert mit der Hand. Aber das ist, als ob eine Sau fliegen wollte und mit dem Schwanz propellerte.

»Oh, Lutsch, das Eis zerdrückt ihn wie Kuhdreck. Und wir sind schuld. Die Hölle ist uns sicher. Mindestens aber das Fegefeuer, weil er ein Tschech ist.«

Manchmal fällt auch dem Lutsch was ein, obwohl er dumm wie ein Rossapfel ist.

»Der Nepomuk!«, sagt er. »Der heilige Nepomuk! Wenn ihn wer rauszieht, dann der. Der kennt sich aus im Wasser. Er war selber drin, und er weiß, wie das Versaufen ist.«

Das sagt der Charwat, wo seine ganze Sippschaft nicht in die Kirche geht.

Ich sage: »Ich stifte die grüne und die rote Kaiserfranzjosefmarke für die Heidenkinder und lauf barfuß bis zur Brücke zurück.«

Der Lutsch verspricht Barfußlaufen und einen Regenwurm. Den will er, ohne Geld dafür zu nehmen und ohne durchzubeißen, aufessen. Und weil das für ihn nicht besonders viel ist, will er sich in der Schule einen ganzen Vormittag lang auf einen Reißnagel setzen.

Dann kommt die Biegung und das Meer.

Egal, ob der Nepomuk oder die Briefmarken für die Heidenkinder oder etwas anderes schuld sind, vor dem Wehr haben sich ein paar Eisschollen gestaut. Sie bremsen sich gegenseitig ab und bleiben etliche Sekunden hängen.

Das Wunder ist geschehen.

Der Tschechenbub springt von Eisplatte zu Eisplatte, und bevor diese in die Tiefe stürzen, steht er am Ufer. Er hat nur einen Schuh vollgeschöpft.

Dann geht er davon, ohne zu weinen und ohne uns anzuschauen.

Der Ich-Erzähler Josef findet in dem tschechischen Jungen Jirschi, den er mit seinem Schulkameraden Lutsch Charwat auf das Eis getrieben hat, einige Wochen später einen Freund. Allen politischen Zwistigkeiten und Feindschaften zum Trotz erleben die beiden Jungen einen paradie-

sischen Sommer, bevor sich auch in ihre Kinderidylle der Ernst und die Gewalt der politischen Veränderungen drängen. Am Ende des Buches ist nichts mehr, wie es war – das Paradies ist durch die politischen Ereignisse zerstört.

* Böhmack – etwas abwertende Bezeichnung für die Tschechen
* Eisschinaken – Schinakel: kleines Boot; hier: Eisscholle als Floß

* Lutsch CHARWAT
** Regenwurm
*** Achselhaare (2)

Das Meer grinst grün die Fische

und glasiggrau,
fliehn in tieferes Geflute

Wolfgang Borchert (1921–1947)
Prolog zu einem Sturm

Das Meer grinst grün und glasiggrau,
die Fische fliehn in tieferes Geflute.
Sogar dem alten Kabeljau
ist recht gemischt zu Mute.

Verängstigt strebt ein Seepferdchen zum Stalle.
Der Tintenfisch legt voller Kunst
um den Palast aus alabasterner Koralle
zur Tarnung einen tintenblauen Dunst.

Die Fischer ziehn die Netze ein
mit düsterem Geraune –
und einer brummt dazwischen rein:
Klabautermann hat schlechte Laune.

Franz Hohler (1943)
Der Mann auf der Insel

Es war einmal ein Mann, der lebte
auf einer Insel.
Eines Tages merkte er, dass die Insel
zu zittern begann.
»Sollte ich vielleicht etwas tun?«,
dachte er.

Aber dann beschloss er
abzuwarten.
Wenig später fiel ein Stück
seiner Insel ins Meer.
Der Mann war beunruhigt.
»Sollte ich vielleicht etwas tun?«, dachte er.
Aber als die Insel zu zittern aufhörte, beschloss er abzuwarten.
»Bis jetzt«, sagte er sich, »ist ja auch alles gut gegangen.«
Es dauerte nicht lange, da versank die ganze Insel im Meer und mit
ihr der Mann, der sie bewohnt hatte.
»Vielleicht hätte ich doch etwas tun sollen«, war sein letzter Gedanke,
bevor er ertrank.

Mark Twain (1835–1910)
Weiße Nebel auf dem Mississippi

Das Buch »Die Abenteuer des Huckleberry Finn« (1884) entstand als Folgeband zu »Die Abenteuer des Tom Sawyer« (1876), dem wohl berühmtesten Buch von Mark Twain.
Huckleberry (Huck) Finn und der »Nigger« Jim ziehen auf einem Floß mit angehängtem Kanu den Mississippi hinunter. Sie sind schon seit einigen Wochen unterwegs. Da sich beide auf der Flucht befinden – Huck vor seinem trunksüchtigen, gewalttätigen Vater und Jim als entlaufener Sklave –, müssen sie nachts auf ihrem Floß fahren und sich tagsüber am Uferrand verstecken, um nicht entdeckt zu werden.
Im Roman wird das Geschehen in Ich-Form aus Hucks Perspektive erzählt. In der vorliegenden Szene sitzt Huck im Kanu, Jim auf dem Floß. Die Reise auf dem Strom wird für Huck und Jim zu einem großen Abenteuer mit manchen Gefahren. Aber ihre Sehnsucht nach Freiheit und selbstbestimmtem Leben ist größer als alle Angst.

Wir rechneten, in drei Nächten könnten wir bis Cairo gelangen, an der Südgrenze von Illinois, wo der Ohio in den Mississippi mündet, und da wollten wir hin. Das Floß wollten wir dann verkaufen, ein Dampfboot nehmen und den Ohio hinauf, in einen der Staaten fahren, wo die Nigger frei waren, und da wären wir dann in Sicherheit.

In der zweiten Nacht gab es dicken Nebel. Wir hielten nach irgendeinem Flachskopf* Ausschau, wo wir anlegen konnten. Im Nebel weiterzutreiben war zu gefährlich. Als ich aber mit dem Tau im Kanu zum Ufer vorauspaddelte, um festzumachen, fand ich dort nur dünne Bäumchen. Ich warf die Leine um einen Stamm direkt am Ufer, aber es war eine Stelle, wo die Strömung um einen Ufervorsprung herum sehr stark war, und das Floß kam mit solcher Wucht angeschossen, dass es das Bäumchen mitsamt der Wurzel ausriss und im Nu davongetrieben und vom Nebel verschluckt war. Mir wurde schwindelig vor Schreck, ich konnte mich eine halbe Minute lang nicht rühren, und dann war es zu spät. Man konnte keine zwanzig Schritte weit sehen. Ich sprang in das Kanu und ergriff das Paddel, um hinter dem Floß herzujagen, aber das Kanu rührte sich nicht; ich hatte in der Aufregung vergessen, das Tau loszumachen. Ich musste also erst wieder raus und den Knoten lösen, aber mir zitterten die Hände so, dass es eine gute Weile dauerte.

Als ich dann endlich loskam, setzte ich aus Leibeskräften hinter dem Floß her, den ganzen Flachskopf entlang. Der war aber nur sechzig Yards lang, dann schoss ich hinaus in den dichten weißen Nebel und hatte keinen blassen Schimmer, wohin ich trieb. Paddeln hatte keinen Zweck, da wäre ich höchstens aufs Ufer oder 'nen Flachskopf aufgelaufen. Besser, ich ließe mich treiben, aber stillzusitzen, wenn man bis zum Platzen aufgeregt war, das fiel mir furchtbar schwer. Ich brüllte »Hallo!« in den Nebel hinein und lauschte; da hörte ich von irgendwo eine schwache Antwort, und gleich war mir wohler. Die Antwort kam aber aus ganz anderer Richtung, als ich erwartete. Ich hatte also verkehrten Kurs, viel zu weit nach rechts. Ich paddelte mehr nach links rüber, aber das half auch nicht, ich schien mich jetzt im Kreise zu drehen, mal so und mal so, und dabei trieb ich doch immer mit der Strömung.

Ich hoffte, Jim, dieser Idiot, würde auf dem Floß mit einer Blechpfanne tüchtigen Lärm machen, und zwar ununterbrochen, aber nichts dergleichen geschah. Ich hörte nur in Abständen schwaches Rufen, und gerade diese Abstände führten mich an der Nase herum.

Ich kämpfte mich weiter, und dann auf einmal hörte ich die Rufe hinter meinem Rücken. Was nun? Ich musste im Kreise getrieben sein – oder war es gar nicht Jim, der rief?

Ich hörte auf zu paddeln, und dann wurde wieder gerufen, auch wieder von hinten, aber doch von ganz woanders her; es kam näher, wechselte aber die Richtung, aus der es kam, und ich antwortete unverdrossen, bis der Ruf wieder von vorne kam: Ich war wieder in der richtigen Strömung. Das war gut. Ach, wenn's bloß Jim sein wollte! Bei dem Nebel konnte man die Stimme nicht erkennen, denn da sieht man nicht nur verdreht, sondern hört auch so.

Nach einer Weile stieß ich auf eine stark ausgespülte Stelle im Ufer. Die Bäume ragten gespenstisch aus der Waschküche heraus. Dann packte mich die Strömung wieder und stieß mich nach links, hart an einer Reihe Baumstümpfe entlang, an denen das Wasser mit lautem Getöse entlangschoss. Dann war wieder nichts zu erkennen. Ich verhielt mich still und hatte solche Angst, dass ich mein Herz hämmern hörte, wohl hundert Schläge in der Minute machte es.

Da gab ich's einfach auf. Jetzt wusste ich, was los war. Hier war gar kein Flachskopf, sondern eine richtige Insel, und ich war links davon und Jim mit dem Floß drüben auf die rechte Seite getrieben. Anscheinend war sie ziemlich groß, denn ab und zu sah ich durch den Nebel hohe Bäume emporragen; sie mochte fünf oder sechs Meilen lang und über eine halbe Meile breit sein.

Eine Viertelstunde lang ließ ich das Paddel ruhen und spitzte die Ohren. Ich trieb schätzungsweise mit einer Geschwindigkeit von vier bis fünf Meilen in der Stunde dahin, aber das merkt man gar nicht. Man hat vielmehr das Gefühl, als läge man reglos auf dem Wasser, und wenn man an einem Baumstumpf vorbeigleitet, denkt man nicht, dass man selber Fahrt macht, sondern: Donnerwetter, hat der's aber eilig! Wer nicht glaubt, wie unheimlich das ist, einsam und allein in so einer Milchsuppe dahinzutreiben, der soll's nur mal selber ausprobieren.

Die nächste halbe Stunde rief ich immer wieder mal. Schließlich hörte ich, ganz weit weg, eine Antwort. Ich versuchte auch, ihr zu folgen, aber es ging nicht. Ich war in ein richtiges Nest von Flachsköpfen geraten, denn ich konnte sie ab und zu verschwommen zu beiden Seiten erkennen, und manchmal war dazwischen nur ein kleiner Kanal. Die anderen Flachsköpfe konnte ich nicht sehen, aber ich hörte, wie das Wasser gegen das abgestorbene Strauchzeug klatschte. Bald hörte ich nicht mal mehr die Rufe; ich hatte mich auch nicht mehr angestrengt, denn es war hoffnungslos, schlimmer, als wäre man hinter 'nem Irrlicht her. Zum Verrücktwerden, wie der Klang so schnell von einem Ort zum anderen sprang. Ich hatte auch vier- oder fünfmal schwer zu tun, das Kanu flott zu halten, und ich nahm an, das Floß müsse auch dauernd das Ufer rammen, sonst wär's schon außerhalb Hörweite. Immerhin trieb's ein bisschen schneller als mein Kanu.

Dann schien ich wieder freies Fahrwasser zu haben, aber dafür hörte ich nun gar nichts mehr. Sicher ist Jim irgendwo auf 'nen Baumstumpf aufgelaufen und mitsamt unserem Floß abgesackt, dachte ich angsterfüllt. Ich war mittlerweile so müde und mutlos geworden, dass ich mich einfach auf den Boden legte und mir sagte: Lass es kommen, wie's kommt. Nicht, dass ich vorhatte zu schlafen; aber mir fielen doch die Augen zu, und ich nickte ein.

Wahrscheinlich war's doch mehr als ein Nickerchen. Als ich aufwachte, war der Nebel weg, die Sterne schienen, und ich trieb, mit dem Heck voran, eben um eine weite Flussbiegung. Ich wusste nicht gleich, wo ich war, und dachte, ich träumte, und als mir alles wieder einfiel, war mir, als hätte es sich vor einer Woche ereignet. Der Strom war jetzt ungeheuer breit, und beide Ufer waren mit mächtigen Bäumen bestanden, 'ne richtige Wand, die man unter dem Sternenhimmel erkannte. Ich spähte stromabwärts und entdeckte einen schwarzen Punkt mitten auf dem Wasser; als ich rankam, waren es nur ein paar zusammengebundene Baumstämme. Wieder was Schwarzes, und wieder nichts; dann aber noch mal eine dunkle Masse, und wahrhaftig, jetzt war es wirklich das Floß.

Als ich mich heranarbeitete, saß Jim da, den Kopf auf die Knie gesunken und fest eingeschlafen, den Arm noch über das Steuerruder gelegt. Das andere Ruder war abgebrochen und das ganze Floß mit Laub, Zweigen und Schlamm bedeckt. Ihm hatte es also auch übel mitgespielt.

(Flachskopf)

* Flachskopf – Mark Twain erklärt in Kap. 12 des Buches: »Ein Flachskopf ist eine Sandbank, auf der die Pappeln so dicht stehen wie Zinken in einer Egge.«

Eine Sage aus Norddeutschland
Die Rungholter auf Nordstrand

Husum gegenüber – in der Nordsee – liegt die Insel Nordstrand. Auf dieser Insel lag einst ein reicher Ort, Rungholt; dessen Bewohner bauten große feste Dämme, um ihre Häuser gegen das Meer zu schützen.
Sie waren übermütig und stolz, und wenn sie auf den Deichen standen, sprachen sie zum Meer: »Trotz um, blanke Hans!«
Einmal haben sie in ihrem Übermut eine Sau im Wirtshaus betrunken gemacht, ihr eine Schlafmütze aufgesetzt und sie ins Bett gelegt. Dann sind sie zum Pfarrer gelaufen und haben ihm gesagt, er müsse kommen und einem Todkranken den letzten Segen sprechen. Als er sah, wer im Bette lag, wollte er nicht tun, was sie von ihm verlangten. Die Rungholter aber ließen nicht ab von ihrem schändlichen Unfug, bedrohten ihn und balgten sich mit ihm.
In der darauffolgenden Nacht erging an den Pfarrer ein Zeichen, er hörte eine Stimme: »Gürte dein Gewand und ziehe deine Schuhe an und wandere!« – Da wanderte der Pfarrer fort mit den Seinen, so eilend er konnte.
Darauf erhob sich ein Wind, und es schwoll das Wasser und wuchs und wuchs an den Dämmen hinan, die dort Deiche heißen, und ging über die Dämme und stand über ihnen vier Ellen hoch, und den Flecken Rungholt auf Nordstrand und sieben andere Kirchspiele verschlang das Meer.
Einst soll es wieder auferstehen. Bei heller See erblicken Schiffer manchmal den Ort und das Land auf dem Grund des Wassers. Sie sehen seine Häuser, seine Türme und Windmühlen; manche wollen auch die Glocken der versunkenen Kirchtürme gehört haben. Gleich den Rungholtern haben auch einstmals die bösen Bauern zu Lichtenau im großen Werder in Preußen (bei Danzig) getan, es ist ihnen solches aber übel genug bekommen.

Els Pelgrom (1934)

Was das Leben zu bieten hat

Die kleine Sofie muss schon seit Langem das Bett hüten, sie ist krank, todkrank. Ein Hauslehrer kommt täglich, um Sofie zu Hause zu unterrichten. Aber auf Sofies wichtigste Frage: »Was passiert eigentlich mit einem, wenn man tot ist?«, reagiert er nur mit den Worten: »Auf so dumme Fragen gebe ich keine Antwort.« Was für ein Feigling!

So muss Sofie die Antwort selber suchen. In dem Buch »Die wundersame Reise der kleinen Sofie« von Els Pelgrom begibt sich das Mädchen auf eine fantastische, abenteuerliche Traumreise. Ihre Stofftiere und Puppen spielen zu mitternächtlicher Stunde ein Theaterstück mit dem Titel »Was das Leben zu bieten hat«.

Alle, die mutig sind, spielen in dem Stück mit: Langer Lappen (Sofies Stoffpuppe und ihr allerbester Freund); Kater Terror (er führt in dem Stück zugleich die Regie); der Bär und die Puppe Annabella (die in dem Stück wichtige Rollen spielen); die winzige Puppe Ulledut – und natürlich, in der Hauptrolle: Sofie!

In einer regendunklen Nacht ziehen die Freunde los in ihr großes Abenteuer. Kater Terror hatte schon zu Anfang gewarnt: »Das Stück wird ganz und gar nicht schön!« Im letzten Kapitel des Buches »Der Sturm« findet Sofie die Antwort auf ihre Frage. Auf der Flucht vor den Soldaten des Königs sind die Freunde auf ein am Hafen liegendes Schiff geflüchtet, die Segel sind schon gehisst. So erreichen sie das offene Meer und nehmen Kurs auf den Horizont.

Die Nacht war klar. Tausende von Sternen standen am Himmel, und der Mond wanderte von links nach rechts. In Gedanken versunken und mit den Händen auf dem Rücken ging Bär auf dem Deck hin und her. Langer Lappen, Annabella und Sofie schliefen. Terror bediente das Ruder und hielt Wache. Frühmorgens kam der Wind auf. Die Sonne war hinter grauen Wolken verborgen.
»Ein Unwetter braut sich zusammen«, sagte Terror und holte alle Segel ein, bis auf eines. Die Wolken türmten sich zu hohen schwarzen Gebilden. Gegen Mittag heulte der Wind durch die Wanten. Er zog und zerrte an dem kleinen Schiff und peitschte die Wellen hoch auf. Sie schäumten, wirbelten in die Höhe und stürzten wie Wasserfälle wieder nieder.
»Ihr müsst euch festbinden«, rief Terror. »Da liegen Taue, bindet euch alle fest an den Mast, sonst werdet ihr über Bord gespült.«
Kaum hatte er das gesagt, als die erste Sturzwelle das Deck überschwemmte und die Flüchtlinge bis auf die Haut durchnässte. Zitternd vor Angst und Kälte drängten sie sich am Mast zusammen. Zum Festbinden blieb keine Zeit mehr, denn plötzlich wurde das Schiff hochgehoben und wie ein hilfloses Ding wieder niedergeworfen. Es krachte, und mit donnerndem Getöse zerbrach der hintere Mast wie ein dünnes Stück Holz. Rahe und Want hingen halb über Bord, das Schiff neigte sich gefährlich auf die Seite.
Bär jammerte: »Warum bin ich bloß mitgegangen?« Er schloss die Augen, um den Ozean mit seinen tosenden Wellen nicht mehr sehen zu müssen.
»So ein Schlappschwanz nützt uns nichts«, sagte Annabella. »Los, Lappen, willst du auch absaufen?« Nachdem sie das gesagt hatte, rannte sie zum Steuerhaus, packte ein Beil und begann wütend auf die Taue einzuhacken, die den abgebrochenen Teil des Mastes festhielten. Dessen Gewicht drückte das Schiff backbord immer tiefer.
Langer Lappen schob sie grob zur Seite, nahm ihr das Beil aus der Hand und fing an, noch heftiger auf die Takelage loszuhauen. Holzsplitter flogen ihm um die Ohren. »Haltet euch fest! Haltet euch fest!«, rief er.
Zum zweiten Mal schlug eine Sturzwelle über das Deck. Eine Minute lang war von dem ganzen Schiff nichts mehr zu sehen. Sie wurden alle gegen die Planken gewor-

fen. Überall um sie herum war nur Wasser. Fische und Quallen strichen an ihren Gesichtern vorbei. Aber einen Moment später stak das Bugspriet, die über den Bug hinausragende Segelstange, wieder nach oben, das Schiff zitterte und bebte und schüttelte das Wasser von sich ab wie ein nasser Hund.

Inzwischen hatte Sofie im Steuerhaus ein Messer gefunden. Sie wollte helfen, die Taue durchzuschneiden, aber erst musste sie noch einen Seestern losnesteln, der in ihrem Haar hängen geblieben war. Das arme Tier war im Meer besser aufgehoben.

Sie hatten keine Zeit, sich gegenseitig zu betrachten, und vielleicht war das schade. Terror sah aus wie eine gebadete Maus, mit seinem nassen Fell war er auf einmal nur noch ein kleines dünnes Tier. Und Annabella klebten die Kleider am Leib, und ihre Haare waren voll Seetang. Sie ähnelte einer wilden Furie oder einer Wassernymphe. Langer Lappen war dünn wie ein Bleistift. Mit wütenden Schlägen hackte er mit dem Beil drauflos. Und nach einem letzten krachenden Schlag, mit dem er auch die Reling entzweihackte, verschwand der hintere Mast in den Wellen. Das Schiff richtete sich langsam wieder auf. Die größte Gefahr war gebannt.

Bär hatte nicht einmal gemerkt, wie heldenhaft sich seine Freunde wehrten. Elend saß er zusammengekauert in einer Ecke. Sogar zum Jammern reichte sein Mut nicht mehr. Er hob nur kurz den Kopf, als Langer Lappen rief: »Die Gefahr ist vorbei! Kopf hoch, Sofiechen! Alles wird gut, Annabella, meine Liebste!«

In diesem Augenblick fuhr aus dem schwarzen Himmel ein greller Blitz fast senkrecht in die Wellen, unmittelbar gefolgt von einem ohrenbetäubenden Donnerschlag. Ein Gewitter! Wieder ein Blitz. Rund um das Schiff schlugen nun überall Blitze ins Meer. Die Donnerschläge übertönten das Tosen des Sturms.

Dann hörten sie einen jämmerlichen Schrei. So jämmerlich konnte nur Kater schreien. Terror, der bei allen Schrecken ganz ruhig geblieben war, stand am Ruder, die Lippen hochgezogen, dass man seine weißen Zähne sehen konnte. Die Ohren hatte er dicht an den Kopf gelegt. Verzweifelt zerrte er am Steuerrad, das sich wie verrückt drehte.

»Wir sind verloren«, rief er. »Das Steuer ist beschädigt.«

Die anderen krochen, um nicht weggeweht zu werden, auf Händen und Füßen zu ihm hin.

»Was ist passiert?«, fragten sie.

»Weiß ich nicht«, antwortete Terror verzweifelt. »Das Steuer gehorcht nicht mehr. Und die Sicht ist so schlecht, wir können jeden Augenblick auf ein Riff auflaufen.«

Jetzt war die Gefahr größer als je zuvor. Wegen der turmhohen Wellen konnten sie keine zehn Meter weit sehen. Angstvoll standen sie dicht nebeneinander und

hielten sich einer am anderen fest. So warteten sie auf den Schlag, den es geben würde, das Krachen und Bersten, wenn das Schiff auf einen Felsen lief.
»Einer von uns sollte auf den Fockmast hinauf, um Ausschau zu halten und uns zu warnen«, sagte Terror. »Wenn es so weit ist, springen wir über Bord. Man muss dann nur versuchen, ein Stück Holz vom Wrack zu erwischen …«
»Warum sollte einer von uns sein Leben aufs Spiel setzen?«, sagte Langer Lappen. »Dort oben kann man auch nicht mehr sehen als hier. Und wenn wir erst auf einen Felsen auflaufen, kannst du so laut rufen, wie du willst – hier unten hört man's nicht.«
Annabella schien von allen am wenigsten Angst zu haben. »Ich steig rauf«, sagte sie, und ihr Gesicht strahlte. Sie lachte einen Moment lang ihr fröhliches, gurrendes Lachen.
»Nein, du auf keinen Fall«, sagte Langer Lappen. »Du bist so rund und glatt, dass du nie im Leben den Mast hochkommst.«
Sofie hatte nichts gesagt. Und dann fasste sie plötzlich einen Entschluss. Bevor die anderen es merkten, schlich sie weg. Sie hielt sich fest, wo sie konnte, so erreichte sie den Fockmast und fing an hinaufzuklettern.
Sie kletterte und kletterte. Der Mast schwankte hin und her, und ihr wurde schwindelig. Je höher sie kletterte, umso stärker schwankte der Mast von links nach rechts, hin und zurück. Aber zu ihrer Überraschung verschwand das Schwindelgefühl. Sie spürte, wie sie seltsam ruhig wurde und gleichzeitig aufgeregt. An die Gefahr dachte sie nicht mehr.
Sofie war bis zur Spitze des Mastes hinaufgeklettert. Sie strich sich die nassen Haare aus dem Gesicht, riss die Augen auf und schaute. »Wie ist die Welt schön!«, rief sie. »So groß, so gewaltig, so … so … Ich weiß nicht. Oh, und die Wellen! Ich bin froh. Ich bin so froh!«
Die Wellen waren so hoch, dass sie den Horizont verbargen. Sie waren grün und weiß und schwarz, und darüber flogen graue Wolken, grau in allen Schattierungen. Alles bewegte sich. Blitze, blau und gelb, erleuchteten immer wieder sekundenlang das Meer und den Himmel. Dann wurde alles hell, und einen Augenblick lang schien es, als erstünde eine andere, ganz und gar neue Welt anstelle der alten, vertrauten.
Das Schiff war jetzt im Zentrum des Strudels, es drehte sich wie ein Kreisel, wirbelte immer schneller herum. Sofie war nicht schwindelig, aber sie machte die Augen zu und ließ sich drehen, drehen, drehen. Lächelnd flüsterte sie: »Was das Leben alles zu bieten hat! Das wollte ich wissen. So viel! So viel!«

Margaret Craven (1901–1980)
»Komm, Schwimmer!«

Mark Brian, ein todkranker junger Geistlicher, wird von seinem Bischof als Seelsorger zur Betreuung mehrerer Indianerdörfer nach Kingcome geschickt, einem entlegenen Dorf an der Westküste Kanadas. Nur langsam gewinnt er das Vertrauen der Indianer und lernt von ihnen, im Einklang mit der Natur zu leben. Aber er bleibt einsam; selbst mit dem Indianer Jim, der ihm als Bootsführer auf seiner Motorbarkasse zugeteilt ist, gibt es zunächst keine freundschaftlichen Gespräche.

In den ersten Wochen wurde Mark oft von einem Gefühl der Sinnlosigkeit bedrängt, und er war immer allein. Auf den Rundfahrten zu den anderen Dörfern, die er irgendwie zu einer Gemeinde verbinden musste, verging Stunde um Stunde, wo weder er noch Jim ein einziges Wort sprachen. Er gab den Versuch auf, sich ein Bild von Jim zu machen, ja selbst die Hoffnung, ihn je zu verstehen, und er lernte warten. Jim seinerseits war ihm zuverlässig und pflichtbewusst zu Diensten, nach wie vor den achtsamen, abwartenden Ausdruck in den Augen.
Dann, eines Spätnachmittags, trat eine Änderung ein. Sie waren zu dem Floßladen gefahren und hatten dort eine Partie Sperrholz abgeholt; er wollte damit das nackte Fachwerk in der Kirche verkleiden. Sie luden das Holz auf dem Regierungsfloß ab – es sollte am nächsten Tag mit dem Kanu den Fluss hinaufbefördert werden – und nahmen das Beiboot, um ins Dorf zurückzufahren. Als sie sich, bei steigender Flut, der Flussmündung näherten, stellte Jim den Motor ab und bedeutete Mark durch ein Zeichen, sich ruhig zu verhalten.
Sie saßen ganz still da; das Boot trieb unter einem verhangenen Himmel langsam dahin, während Jim unverwandt auf eine Stelle in dem klaren Wasser blickte, wo eine leichte Kräuselung wahrzunehmen war. Dann sahen sie es. Ein Schwarm Lachse war im Begriff, in den Fluss aufzusteigen, um in seinem Quellgebiet zu laichen. Zwei bis drei Fuß unter der Oberfläche sah Mark Hunderte von silbrigen Fischen dicht an dicht, die sich mit einer Art verzweifelter Dringlichkeit heimlich und fast verstohlen vorwärtsbewegten, wie ein riesiges Heer auf dem Weg zu einem Vorposten, der um jeden Preis gehalten werden muss. Er beobachtete sie fasziniert, bis sie vorüber waren, und zweifelte einen Augenblick daran, richtig gesehen zu haben.
»Komm, Schwimmer!«, sagte er. »Ich freue mich, unter den Lebenden zu sein, nun, da du zu diesem schönen Ort gekommen bist, wo wir zusammen spielen können. Nimm diese köstliche Nahrung an. Halte sie gut fest, jüngerer Bruder.«

* **jüngerer Bruder**

Zum ersten Mal schwand der achtsame, abwartende Ausdruck aus den Augen des Indianers, und er sagte lebhaft: »Woher kennen Sie das? Wo haben Sie es gehört?«
»Das ist ein Gebet, das dein Volk dereinst an den Lachs richtete, und ich habe es in einem Buch gelesen, das vor langer Zeit geschrieben wurde. Sie nannten den Angelhaken ›jüngerer Bruder‹. Der Heilbutt hieß bei ihnen ›alte Frau‹. Wenn deine Leute einen Heilbutt ins Kanu zogen, sagten sie: ›Geh hin, Schlappmaul, und sage deinen Onkeln, deinen Vettern und Tanten, welches Glück du gehabt hast, hierherzufinden.‹ Doch vom Lachs sprachen sie mit Hochachtung, und sie nannten ihn ›Schwimmer‹.«
»Der Lachs ist in unserer Sprache noch immer der Schwimmer, und ich kann mich erinnern, dass mein Großvater genauso zu ihm gesprochen hat, wie Sie das eben taten. Ich hatte es vergessen.«
»Sieht man ihn oft den Fluss hinaufschwimmen?«
»Nein, nicht oft. Gewöhnlich steigt er nachts auf.«
»Und zum Schluss – stirbt er dann immer?«
»Immer. Sowohl die Männchen wie die Weibchen sterben. Auf seinem Weg flussaufwärts kommt er an den kleinen jungen Lachsen vorbei, die ins Meer zurückwandern.

Sie wollen dorthin und haben doch Angst davor. Sie schwimmen noch flussaufwärts, aber nur zögernd, und lassen sich, den Schwanz voran, vom Fluss abwärtstragen, und die Vögel und die größeren Fische machen Jagd auf sie, doch schon bald drehen sie sich um und bieten den auf sie lauernden Gefahren die Stirn.«
»Und wenn sie die offene See erreicht haben?«
»Dann sind sie frei. Niemand weiß, wie weit sie schwimmen und wohin. Etwas in ihrem Innern sagt ihnen, wenn die Zeit zur Rückkehr gekommen ist, und alle, die im selben Fluss geboren sind, sondern sich von den anderen ab, und kehren zusammen in das Laichgebiet zurück, wo sie geboren wurden. Und zum Schluss stirbt der Schwimmer, und er wird von der Flussströmung mit dem Schwanz voran zurückgetrieben, so wie er seine Reise antrat.«
»Könnten wir das Ende sehen?«
»Ohne Weiteres.«

An einem der letzten schönen Septembertage machte Mark ein Lunchpaket zurecht, und er und Jim fuhren in einem der kleineren Kanus mit Außenbordmotor flussaufwärts, um das Ende des Schwimmers mitzuerleben. Oberhalb des Dorfes, wo der Fluss sich, den Stromschnellen zu, nach links wandte, machten sie Halt an einer tiefen, unbewegten Stelle unterhalb des Che-kwa-lá, des Wasserfalls, mit dem ein Gebirgsbach in den Fluss mündete. Hier war es kühl und die Luft feucht und dunstig; die Fichten und Schierlingstannen waren mit Moosbärten behangen, und eine riesenhafte Pappel hielt Wache. Lange sahen sie zu, wie die aufgewühlten Wasser hinabstürzten und in dem tiefen, stillen Gewässer zur Ruhe kamen, und keiner sagte etwas.
Dann fuhren sie weiter, die Stromschnellen hinauf, und ein Bär, der dem Schwimmer auflauerte, sah sie kommen und trollte sich in den Wald, und auch die beiden Hirsche, die am Wasser ihren Durst stillen wollten, verschwanden mit einem fließend-eleganten Sprung.
Ein gutes Stück den Fluss hinauf fuhren sie an Zedernholzhütten vorbei, die nur im Sommer und Herbst benutzt wurden; aus dem Loch in den Dächern stieg Rauch auf, und Mark sah einige Kinder des Dorfes unter den Bäumen spielen.
»Sie räuchern hier die Fische«, sagte Jim. »Jeden Herbst kommen die Familien zu diesem Zweck hierher. Es ist eine Zeit, die alle gern haben. Die Kinder können sich austoben, die Frauen unterhalten sich, und nachts sitzen die Männer am Feuer und erzählen einander die alten Mythen, und wenn sie ins Dorf zurückkommen, sind sie ebenso gründlich geräuchert wie die Fische.«

Als sie das Quellgebiet erreichten, wo der Schwimmer laichte, stellten sie den Motor ab und paddelten durch tiefe, stille, von dichtem Gebüsch überhangene Gewässer zu den kleinen Katarakten am Anfang des Flusses. Sie zogen das Kanu auf den schmalen steinigen Strand einer kleinen Insel und merkten, dass sie nicht alleine waren. Die alte Marta war da, und das Mädchen, das Keetah hieß, und die beiden kleinen Kinder, seine Freunde. Sie waren von den Sommerhütten hierhergekommen, um Blaubeeren zu sammeln.

Beim gemeinsamen Lunch fühlte Mark sich zum ersten Mal wirklich wohl. Es war ein Picknick wie jedes Picknick an einem schönen Tag, dieses Mal auf einer lieblichen kleinen Insel. Die Kinder spielten, wie Kinder überall spielen, und das Mädchen Keetah, in verwaschenen blauen Jeans und einer ebensolchen Jacke, wäre überall ein hübsches Mädchen gewesen.

»Mark will das Ende des Schwimmers sehen«, verkündete Jim nach dem Lunch, und Marta lächelte und sagte, sie sei zu alt, um sich flach auf den Bauch zu legen und sich über den Rand des Ufers zu beugen; sie würde bei den Kindern bleiben und die restlichen Blaubeeren pflücken.

Jim fand eine Stelle, an der ein alter Ahornbaum sich über das Wasser neigte und das Unterholz tiefe Schatten warf. Dort krochen sie mit Keetah vorsichtig ans Ufer und spähten in die Tiefe.

Im klaren Wasser sahen sie das Schwimmerweibchen mit ihrer ausgefransten Schwimmflosse die Kinderstube in den Kies wühlen; ihre Flanken waren blau und purpurrot, die Flossen beschädigt und abgewetzt.

»Nach dem Ablaichen und wenn das wartende Männchen seine Milch über die Eier hat fließen lassen, bleibt das Weibchen noch einige Tage und bewacht die Eier«, sagte Jim. »Kommt, wir versuchen es noch an einer anderen Stelle.«

Sie krochen weiter und sahen das Ende des Schwimmerweibchens. Sie beobachteten ihren letzten tapferen Kampf, ihr Bemühen, sich in der Strömung zu halten, und sie sahen, wie das Wasser gewaltsam ihre Kiemen öffnete und sie langsam flussabwärts mit sich zog, mit dem Schwanz voran, so wie sie als Jungfisch ins Meer gezogen worden war. Dann verließen sie kriechend den Uferrand und kehrten zu Marta zurück, und Mark sah Tränen in Keetahs Augen.

»Es ist immer das Gleiche«, sagte sie. »Das Ende des Schwimmers ist traurig.«

»Aber Keetah, es ist nicht traurig. Das Leben des Schwimmers ist eine Kette von Abenteuern, die er mit kühnem Wagemut besteht. Sein Leben steuert unbeirrbar auf den Höhepunkt, das Ende zu. Er lebt auf dieses Ende hin, für das er geschaffen wurde, und das ist nicht traurig. Es ist ein Triumph.«

Scott O'Dell (1898–1989)
Donnernde Wogen

Scott O'Dells Roman »Insel der blauen Delfine« gehört zu den Klassikern der Kinder- und Jugendliteratur. Hauptfigur und Ich-Erzählerin des Buches ist das Indianermädchen Karana, das zu Beginn des Buches 12 Jahre alt ist.
Scott O'Dell beruft sich in seinem Roman auf historische Quellen, nach denen das Mädchen, ein weiblicher Robinson Crusoe, tatsächlich von 1835 bis 1853 auf der Insel gelebt haben soll. Sie gelangte als »die Verschollene von San Nicolas« zu historischer Berühmtheit.

Auf die heftigen Winterstürme folgten viele Tage, an denen kein Wind mehr wehte. Die Luft war so drückend, dass man kaum atmen konnte, und die Sonne brannte so heiß, dass das Meer selbst eine Sonne wurde und einen blendete, wenn man hinschaute.

An dem letzten dieser heißen Tage holte ich das Kanu aus der Höhle und paddelte um das Riff zur Landzunge. Es war der heißeste Tag, den ich je erlebt hatte, und das Meer glühte rot. Keine Möwen flatterten am Himmel, die Otter lagen reglos im Salzkraut, und die kleinen Krabben hatten sich in ihre Löcher verkrochen.

Ich zog das Kanu an den Strand. Der Strand war feucht, aber er dampfte unter der Sonne. Zu Beginn jedes Frühjahrs brachte ich das Kanu an die Landzunge und dichtete mit frischem Pech die Fugen zwischen den Planken. Ich arbeitete den ganzen Morgen. Von Zeit zu Zeit hielt ich inne, um mich im Meer abzukühlen. Als die Sonne höher stieg, drehte ich das Kanu um, kroch darunter und schlief in seinem Schatten ein.

Schiff

Ich hatte noch nicht lange geschlafen, als ich plötzlich von einem dumpfen Grollen, das ich für Donner hielt, geweckt wurde. Ich blinzelte unter dem Kanu hervor, sah jedoch keine Wolke am Himmel. Und doch dröhnte es weiter. Es kam aus der Ferne aus dem Süden, und noch während ich lauschte, wurde es stärker. Ich sprang auf. Das Erste, was mir in die Augen fiel, war ein glänzender Streifen am südlichen Abhang der Landzunge. In meinem ganzen Leben auf der Insel hatte ich noch nie eine so niedrige Ebbe gesehen. Felsblöcke und kleine Riffe, die ich nie unter Wasser vermutet hätte, standen kahl in der blendenden Helle. Es sah ganz fremd aus. Ich war eingeschlafen und auf einer anderen Insel wieder aufgewacht.

Mit einem Male war die Luft um mich her dicht geworden. Ich hörte einen leisen, ziehenden Laut, als saugte ein riesiges Tier nach und nach die ganze Luft durch die Zähne. Das Dröhnen kam näher aus einem blanken Himmel und erfüllte meine Ohren. Und dann sah ich jenseits des funkelnden Sandstreifens und der kahlen Felsen und Riffe, mehr als eine Meile weit dahinter, einen ungeheuren weißen Gischtkranz, der sich auf die Insel zubewegte.

Er schien langsam zwischen dem Meer und dem Himmel daherzukommen, doch es war das Meer selbst. Voll Entsetzen rannte ich über die Landzunge. Ich rannte und stolperte und richtete mich wieder auf und rannte weiter. Der Sand erschauerte unter meinen Füßen, als die erste Woge aufprallte. Ein Sprühregen fiel über mich. Es regnete Salzkrautfetzen und kleine Fische.

Mir blieb keine Zeit, den Pfad zu meinem Haus hinauf zu erreichen. Um meine Knie toste schon das Wasser und zerrte mich nach allen Seiten. Vor mir erhob sich die Klippe und trotz der glitschigen Moosflächen fand ich einen Halt am Felsen, erst für eine Hand, dann für einen Fuß. So zog ich mich Stück um Stück an der Klippe empor.

Der Gischtkranz donnerte unter mir vorbei auf die Korallenbucht zu. Eine Weile lang blieb alles still. Dann begann das Meer, sich in langen, schäumenden Strömen an seinen alten Platz zurückzuziehen. Doch ehe es dazu kam, tauchte im Süden eine neue Wasserwand auf. Sie war vielleicht noch größer als die erste. Ich schaute empor. Die Klippe ragte senkrecht über mir in den Himmel. Höher konnte ich nicht klettern. Ich stand mit dem Gesicht zur Felswand, einen Fuß auf einem schmalen Vorsprung, eine Hand tief in eine Ritze verkrallt. Über meine Schulter hinweg konnte ich die Woge kommen sehen. Sie bewegte sich nicht schnell, denn die erste brandete immer noch zurück, der zweiten entgegen. Eine Zeit lang dachte ich, sie würde die Insel überhaupt nicht erreichen, weil die beiden jenseits der Landzunge plötzlich aufeinanderprallten.

Wie zwei Riesen krachten sie aufeinander. Sie bäumten sich hoch auf und neigten sich erst nach der einen, dann nach der anderen Seite. Es gab ein Getöse wie von berstenden Riesenspeeren, und der rote Schein der Sonne verwandelte die stiebende Gischt in Blut. Allmählich gewann die zweite Woge die Oberhand, sie schob die erste vor sich her, rollte über sie hinweg und schleppte sie wie einen besiegten Gegner mit, als sie die Insel anfiel.

Die Woge prallte an die Klippe. Lange, gierige Zungen schnellten über die Felswand, sodass ich weder sehen noch hören konnte. Die Wasserzungen drangen in alle Ritzen und Fugen, sie zerrten an meiner Hand und an meinem nackten Fuß. Sie brandeten über meinen Kopf hinweg die steile Wand empor, höher, immer höher, bis ihre Spitzen im Leeren zerbarsten und zischend an mir vorbei hinunterstürzten in das brodelnde Wasser, das jetzt über die Insel brauste.

Plötzlich erstarb der Lärm. In der Stille konnte ich mein Herz pochen hören. Ich sah, dass meine Hand sich immer noch am Felsen festhielt, und ich wusste, dass ich lebte.

Es wurde Nacht, und obgleich ich nicht den Mut hatte, die Klippe zu verlassen, sah ich ein, dass ich nicht bis zum Morgen hierbleiben konnte. Ich würde einschlafen und hinunterstürzen. Ich würde auch den Weg nach Hause nicht finden. So kletterte ich von meinem Felsvorsprung herunter und kauerte am Fuß der Klippe nieder.

Der neue Tag war windstill und heiß. Auf der Landzunge türmten sich Hügel von Salzkraut. Tote Fische und Austern und rosarote Krabben lagen überall umher, und an den felsigen Wänden der Bucht waren zwei kleine Walfische gestrandet. Auf dem ganzen Pfad hinauf fand ich totes Seegetier.

Ich war glücklich, wieder zu Hause zu sein hier oben auf dem Berg, wo die Sturmflut keinen Schaden angerichtet hatte. Ich war nur von einer Sonne auf die andere fortgeblieben, und doch schienen es viele Sonnen gewesen zu sein, wie damals, als ich im Kanu fortgefahren war.

Theodor Storm (1817–1888)
Meeresstrand

Ans Haff nun fliegt die Möwe,
und Dämmrung bricht herein;
über die feuchten Watten
spiegelt der Abendschein.

Graues Geflügel huschet
neben dem Wasser her;
wie Träume liegen die Inseln
im Nebel auf dem Meer.

Ich höre des gärenden Schlammes
geheimnisvollen Ton,
einsames Vogelrufen –
so war es immer schon.

Noch einmal schauert leise
und schweiget dann der Wind;
vernehmlich werden die Stimmen,
die über der Tiefe sind.

* portables Moderlieschen
(Moderlieschen to go)

Renate Raecke, geboren 1943 in Lübeck und aufgewachsen am Ostseestrand in Travemünde, studierte Literatur- und Kunstgeschichte, ehe sie in verschiedenen Verlagen und im Buchhandel tätig wurde. Renate Raecke arbeitet als freie Herausgeberin, Lektorin und Übersetzerin in Norddeutschland.

© Renate Raecke

© Karin Gruß

1973 absolvierte ich meinen FREIschwimmer in Herbert-Ritze-Bad (da!)

Stefanie Harjes, geboren 1967 in Bremen, studierte Illustration und Malerei in Hamburg und Prag. Trotz der Schwimmhäute zwischen den Fingern arbeitet sie als freischaffende Illustratorin und hat bereits zahlreiche Auszeichnungen erhalten, u.a. den Österreichischen Kinder- und Jugendbuchpreis sowie eine Nominierung zum Deutschen Jugendliteraturpreis. Zwei ihrer Bücher wurden außerdem zu den Schönsten Büchern Deutschlands gewählt. 1973 absolvierte Stefanie Harjes erfolgreich ihren Freischwimmer.

Autoren- und Quellenverzeichnis

Der Verlag dankt allen Autoren, Übersetzern, Verlagen und Agenturen für die freundlichen Abdruckgenehmigungen. Leider war es in Einzelfällen bis zur Drucklegung nicht möglich, die Rechteinhaber zu ermitteln; alle Ansprüche bleiben jedoch gewahrt.

Zsuzsa Bánk, Der Schwimmer [Auszug aus dem gleichnamigen Roman, S. 80-82, leicht gekürzt] © S. Fischer Verlag GmbH, Frankfurt am Main 2002

Max Barthel, Muscheln, aus: Hans-Joachim Gelberg (Hrsg.), *Geh und spiel mit dem Riesen. Erstes Jahrbuch der Kinderliteratur*, Beltz & Gelberg in der Verlagsgruppe Beltz, Weinheim/Basel 1971 © Erbengemeinschaft Max Barthel

Gerd Bauer, Der Frosch, aus: Hans-Joachim Gelberg (Hrsg.), *Überall und neben dir*, Beltz & Gelberg in der Verlagsgruppe Beltz, Weinheim/Basel 2010 © Gerd Bauer

Elisabeth Borchers, An ein Kind, aus: Elisabeth Borchers, *Wer lebt. Gedichte* © Suhrkamp Verlag, Frankfurt am Main 1986. Alle Rechte bei und vorbehalten durch Suhrkamp Verlag, Berlin

Wolfgang Borchert, Prolog zu einem Sturm, aus: Michael Töteberg/Irmgard Schindler (Hrsg.), *Wolfgang Borchert, Das Gesamtwerk* © Rowohlt Verlag GmbH, Reinbek bei Hamburg 2007

Wolfgang Buschmann, Das Walross, aus: Wolfgang Buschmann, *Die Haselmaus ist nicht zu Haus*, Der Kinderbuchverlag, Berlin 1984 © Wolfgang Buschmann

Wolfgang Buschmann, Die Meerkuh, aus: Wolfgang Buschmann, *Der Stuhl als Pferd und umgekehrt*, Der Kinderbuchverlag, Berlin 1979 © Wolfgang Buschmann

Wolfgang Buschmann, Fliegende Fische, aus: Wolfgang Buschmann, *Die Haselmaus ist nicht zu Haus*, Der Kinderbuchverlag, Berlin 1984 © Wolfgang Buschmann

Hans Carossa, Der alte Brunnen, aus: Hartmut von Hentig (Hrsg.), *Meine deutschen Gedichte*, Kallmeyersche Verlagsbuchhandlung, Velber 2001
© Eva Kampmann-Carossa

Jean-Claude Carrière, Monsieur Hulot geht baden, aus: Jean-Claude Carrière, *Die Ferien des Monsieur Hulot* [Auszug, leicht gekürzt], aus dem Französischen von Wolfgang Mertz, Alexander Verlag, Berlin 2003

Margaret Craven, »Komm, Schwimmer!«, aus: Margaret Craven, *Ich hörte die Eule, sie rief meinen Namen* [Auszug, leicht gekürzt], aus dem Englischen von Kai Molvig
© Rowohlt Verlag GmbH, Reinbek bei Hamburg 1976

Das schöne Mädchen mit dem meergrünen Haar, aus: Helga Gebert (Hrsg.), *Meermädchen und Wassermänner*, Beltz & Gelberg in der Verlagsgruppe Beltz, Weinheim/Basel 1982 & 1989 (Gulliver TB)

Der Wassermann in der Mühle zu Steenholt, aus: Projekt Gutenberg, *Deutsche Sagen*, Ueberreuter, Wien 1953

Die drei Schwestern aus dem See, aus: Friedrich Gottschalck (Hrsg.), *Die Sagen und Volksmährchen der Deutschen, Erstes Bändchen*, Hemmerde und Schwetschke, Halle 1814

Die Rungholter auf Nordstrand, aus: Friedrich Gottschalck (Hrsg.), *Die Sagen und Volksmährchen der Deutschen, Erstes Bändchen*, Hemmerde und Schwetschke, Halle 1814

Die schwarze Greet, aus: Ludwig Bechstein, *Deutsches Sagenbuch*, Wigand, Leipzig 1853

Michael Ende, Standpunkte, aus: Michael Ende, *Das Schnurpsenbuch*
© Thienemann Verlag (Thienemann Verlag GmbH), Stuttgart/Wien 1979

Heinz Erhardt, Das Fischchen, aus: Heinz Erhardt, *Ein Nasshorn und ein Trockenhorn*
© Lappan Verlag, Oldenburg 2009

Heinz Erhardt, Der Kabeljau, aus: Heinz Erhardt, *Ein Nasshorn und ein Trockenhorn*
© Lappan Verlag, Oldenburg 2009

Gustav Falke, Närrischer Traum, aus: Heinz Jürgen Kliewer (Hrsg.), *Die Wundertüte. Alte und neue Gedichte für Kinder*, Reclam, Stuttgart 1989 (4. Strophe des Gedichts *Närrische Träume*)

Robert Gernhardt, Wie kann man übers Wasser laufen, ohne sofort abzusaufen? So:, aus: Robert Gernhardt, *Mit dir sind wir vier* © Robert Gernhardt 1976. Alle Rechte vorbehalten S. Fischer Verlag GmbH, Frankfurt am Main

Johann Wolfgang von Goethe, Der Fischer, aus: Erich Trunz (Hrsg.), *Goethes Werke*, Hamburger Ausgabe, Beck, München 1978

Kenneth Grahame, Der Fluss, aus: Kenneth Grahame, *Der Wind in den Weiden* [Auszug, leicht gekürzt], aus dem Englischen von Harry Rowohlt
© Verlag Kein & Aber AG, Zürich/Berlin 2004

Brüder Grimm, Die Scholle (KHM 172), aus: Hans-Jörg Uther (Hrsg.), *Brüder Grimm, Kinder- und Hausmärchen*, nach der Großen Ausgabe von 1857, Diederichs, München 1996

Josef Guggenmos, Das Fischlein, aus: Josef Guggenmos, *Groß ist die Welt*
© Beltz & Gelberg in der Verlagsgruppe Beltz, Weinheim/Basel 2006

Josef Guggenmos, Gespräch der Fische, aus: Josef Guggenmos, *Ich will dir was verraten*
© Beltz & Gelberg in der Verlagsgruppe Beltz, Weinheim/Basel 1992

Peter Hacks, Der Fährmann von Mautern, aus: Peter Hacks, *Der Flohmarkt – Gedichte für Kinder* © Eulenspiegel Verlag, Berlin 2001

Peter Hacks, Der Walfisch, aus: Peter Hacks, *Der Flohmarkt – Gedichte für Kinder*
© Eulenspiegel Verlag, Berlin 2001

Peter Hacks, Geschichte von der Nixe im Bade, aus: Peter Hacks, *Werke*,
Band 11 – *Die Kindermärchen* © Eulenspiegel Verlag, Berlin 2003

Heinrich Hannover, Der stumme Fisch, aus: Heinrich Hannover,
Die untreue Maulwürfin © Aufbau Verlag GmbH & Co. KG, Berlin 2000

Stefanie Harjes, Erwischt © Stefanie Harjes

Stefanie Harjes, In ihren Koffer packte Betty © Stefanie Harjes

Heinrich Heine, Lorelei, aus: Klaus Briegleb (Hrsg.), *Heinrich Heine, Sämtliche Schriften*, Carl Hanser Verlag, München 1968

Franz Hohler, Der Mann auf der Insel, aus: Franz Hohler, *Das große Buch. Geschichten für Kinder* © Carl Hanser Verlag, München 2009

Franz Hohler, Es war einmal ein Bach, aus: Franz Hohler, *Es war einmal ein Igel: Kinderverse*, illustriert von Kathrin Schärer © Carl Hanser Verlag, München 2011

Adolf Holst, Im See, aus: Heinz Jürgen Kliewer (Hrsg.), *Die Wundertüte. Alte und neue Gedichte für Kinder*, Reclam, Stuttgart 1989

Josef Holub, Das Eis bricht, aus: Josef Holub, *Der rote Nepomuk* © Beltz & Gelberg in der Verlagsgruppe Beltz, Weinheim/Basel 1993

In einen Harung jung und stramm, aus: Jürgen Schöntges (Hrsg.), *Freche Lieder, liebe Lieder*, Beltz & Gelberg in der Verlagsgruppe Beltz, Weinheim/Basel 1988

Joseph Jacobs, Der Brunnen am Ende der Welt, aus: *English Fairy Tales/Englische Märchen* [aus den Sammlungen von Joseph Jacobs], Deutscher Taschenbuch Verlag, München 1991 (*Der Brunnen am Ende der Welt* wurde übersetzt von Eva Wachinger) © Langewiesche-Brandt, Ebenhausen bei München

Heinz Janisch, Das Meer sprang aus der Badewanne, aus: Heinz Janisch, *Ich schenk dir einen Ton aus meinem Saxofon* © Verlag Jungbrunnen, Wien 1999

Mathias Jeschke, Von der Forelle © Mathias Jeschke

Mascha Kaléko, Die Fische, aus: Mascha Kaléko, *Die paar leuchtenden Jahre* © Deutscher Taschenbuch Verlag, München 2003

Marie Luise Kaschnitz, Am Strande © Iris Schnebel-Kaschnitz

James Krüss, Die Geschichte von Jan Janssen und der schönen Lady Violet, aus: James Krüss, *Mein Urgroßvater, die Helden und ich* © Verlag Friedrich Oetinger, Hamburg 2009

Mira Lobe, Die Walrosse, aus: Heinz Brand (Hrsg.), *Keine Maus zu Haus? Das Bilderbuch der 111 Kindergedichte*, Ravensburger Buchverlag, Ravensburg 2002
© Erbengemeinschaft Mira Lobe

Carson McCullers, Lied für einen Seemann, aus: Carson McCullers, *Süß wie 'ne Gurke und rein wie ein Schwein*, aus dem Amerikanischen von Eva Demski © Schöffling & Co. Verlagsbuchhandlung GmbH, Frankfurt am Main 2005

Alan Alexander Milne, Ferkel ist völlig von Wasser umgeben, aus: Alan Alexander Milne, *Pu der Bär* [Auszug, leicht gekürzt], aus dem Englischen von Edith L. Schiffer und Ursula Lehrburger, Neubearbeitung von Maria Torris © Atrium Verlag, Zürich

Christian Morgenstern, Der Walfafisch oder Das Überwasser, aus: Christian Morgenstern, *Schnigula, schnagula*, Fischer Taschenbuch Verlag, Frankfurt 1996

Eduard Mörike, Die Geister am Mummelsee, aus: Otfried Preußler/Heinrich Pleticha (Hrsg.), *Das große Balladenbuch*, Thienemann Verlag (Thienemann Verlag GmbH), Stuttgart/Wien 2000

Dieter Mucke, Vermutung, aus: Dieter Mucke, *Freche Vögel*, Der Kinderbuchverlag, Berlin 1977 © Dieter Mucke

Johann Ludwig Wilhelm Müller, Wohin?, 2. Lied aus dem Liederzyklus *Die schöne Müllerin*, 1821 (Vertonung von Franz Schubert: 1823)

Scott O'Dell, Donnernde Wogen, aus: Scott O'Dell, *Insel der blauen Delfine* [Auszug, leicht gekürzt], aus dem Englischen von Roswitha Plancherel-Walter
© Bibliographisches Institut/Sauerländer, Mannheim 2006

Els Pelgrom, Was das Leben zu bieten hat, aus: Els Pelgrom, *Die wundersame Reise der kleinen Sofie* [Auszug, leicht gekürzt], aus dem Niederländischen von Mirjam Pressler © Em. Querido's Uitgeverij, Amsterdam 2006
(Originaltitel: *Kleine Sofie en Lange Wapper*)

Ludek Pesek, Der Wal, aus: Hans-Joachim Gelberg (Hrsg.), *Geh und spiel mit dem Riesen. Erstes Jahrbuch der Kinderliteratur*, Beltz & Gelberg in der Verlagsgruppe Beltz, Weinheim/Basel 1971

Benno Pludra, Die Schwäne auf dem Wasser, aus: Hans-Joachim Gelberg (Hrsg.), *Geh und spiel mit dem Riesen* © Beltz & Gelberg in der Verlagsgruppe Beltz, Weinheim/Basel 1971

Otfried Preußler, Der kleine Wassermann [Auszug, leicht gekürzt]
© Thienemann Verlag (Thienemann Verlag GmbH), Stuttgart/Wien 1956

Joachim Ringelnatz, Seepferdchen, aus: Joachim Ringelnatz, *Und auf einmal steht es neben dir. Gesammelte Gedichte*, Büchergilde Gutenberg, Frankfurt am Main 1996

Peter Rosei, Das Märchen vom Walfisch, aus: Hans-Joachim Gelberg (Hrsg.), *Das achte Weltwunder. Fünftes Jahrbuch der Kinderliteratur*, Beltz & Gelberg in der Verlagsgruppe Beltz, Weinheim/Basel 1979 © Peter Rosei

Graham Salisbury, Tiefe Wasser, aus: Graham Salisbury, *Die blaue Haut des Meeres* [Auszug, leicht gekürzt], aus dem Englischen von Marion Sattler Charnitzky, Beltz & Gelberg in der Verlagsgruppe Beltz, Weinheim/Basel 1997 © Graham Salisbury 1992, veröffentlicht mit Genehmigung Nr. 69 331 der Paul & Peter Fritz AG, Zürich (Originaltitel: *Blue Skin Of The Sea*)

Sybil Gräfin Schönfeldt, Die Sintflut – Die Arche Noah, aus: *Die Bibel. Das Alte Testament*, neu erzählt für Kinder und Erwachsene von Sybil Gräfin Schönfeldt © Tulipan Verlag GmbH, Berlin 2011

Christian Friedrich Daniel Schubart, Die Forelle, 1783
(Vertonung von Franz Schubert: 1816/1817)

Jürg Schubiger, Meerschnecken zum Beispiel, aus: Jürg Schubiger, *Wo ist das Meer?* © Beltz & Gelberg in der Verlagsgruppe Beltz, Weinheim/Basel 2000

Hermann Schulz, Sein erster Fisch, aus: Hermann Schulz/Wiebke Oeser, *Sein erster Fisch* © Peter Hammer Verlag, Wuppertal 2000

Kurt Schwitters, Kleines Gedicht für große Stotterer, aus: Friedhelm Lach (Hrsg.), *Kurt Schwitters – Das literarische Werk* © DuMont Buchverlag, Köln 1973

Charles Simmons, Die Sandbank, aus: Charles Simmons, *Salzwasser*, aus dem Englischen von Susanne Hornfeck [Auszug, leicht gekürzt] © 1998 Charles Simmons © Verlag C.H. Beck, München

John Steinbeck, Die Perle [Auszug aus dem gleichnamigen Roman, leicht gekürzt], aus dem Amerikanischen von Felix Horst © Paul Zsolnay Verlag, Wien 1992

Theodor Storm, Meeresstrand, aus: Peter Goldammer (Hrsg.), *Storms Werke in zwei Bänden, Bd.1*, Volksverlag, Weimar 1962

David Thomson, Angus Ruadh, Seehundtöter, aus: David Thomson, *Seehundgesang. Irische und schottische Legenden*, aus dem Englischen von Eike Schönfeldt © mareverlag, Hamburg 2012

Mark Twain, Weiße Nebel auf dem Mississippi, aus: *Die Abenteuer des Tom Sawyer. Die Abenteuer des Huckleberry Finn* [Auszug, leicht gekürzt], aus dem Englischen von Martin Beheim-Schwarzbach, Büchergilde Gutenberg, o.O. 1976

Fredrik Vahle, Regenlied © Fredrik Vahle

Matthias Wegener, Wenn alle Wasser fließen © Matthias Wegener

Wenn du ein Schiff bauen willst (die Herkunft dieser Zeilen ist nicht gesichert; sie werden Antoine de Saint-Exupéry zugeschrieben)

Winde wehn, Schiffe gehn, Volkslied

Ursula Wölfel, Die Geschichte vom kleinen Seehund, aus: Ursula Wölfel, *Achtundzwanzig Lachgeschichten!* © Thienemann Verlag (Thienemann Verlag GmbH), Stuttgart/Wien 1969

Tschüß!

Moos

Tulpen und Gesang GRÜN Kussmund*
liebestoll
Tacheles

Kakophonie

Die Texte entsprechen zum größten Teil der neuen Rechtschreibung. Einige der noch urheberrechtlich geschützten Texte liegen jedoch in ihren Originalfassungen vor. Hier wurde eine Übertragung ausdrücklich von den Autoren bzw. ihren Rechtsnachfolgern untersagt.

Originalausgabe

Copyright © 2012 by Bastei Lübbe GmbH & Co. KG, Köln

Umschlaggestaltung und Satz: F. v. Wissel, hoop-de-la, Köln
Einbandmotiv und Innenillustrationen: Stefanie Harjes
Gesetzt aus der Eureka
Druck und Einband: Himmer AG, Augsburg

Printed in Germany
ISBN 978-3-414-82282-6

5 4 3 2 1

Sie finden uns im Internet unter: www.boje-verlag.de

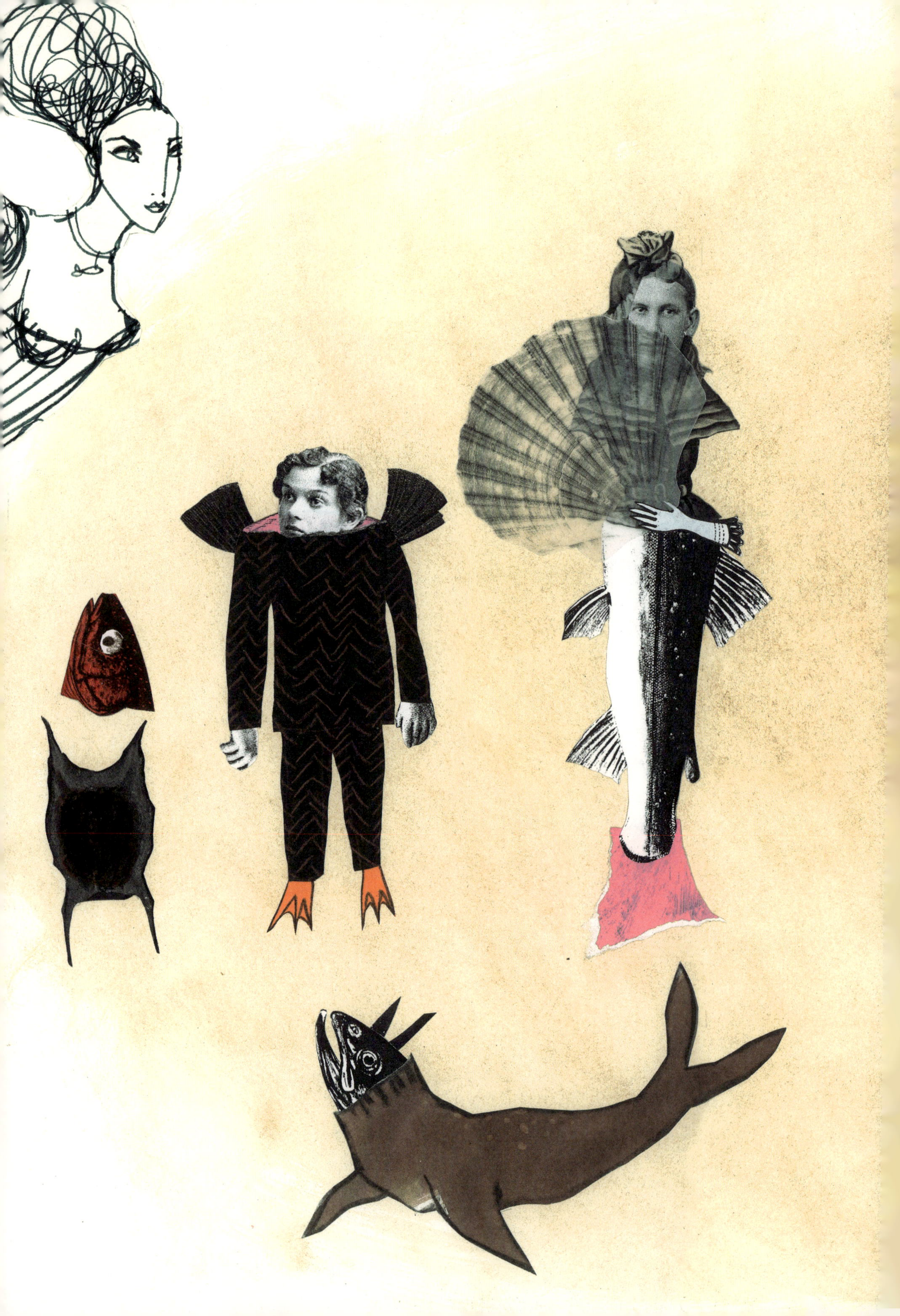